いまこそ知りたい

シェアリングエコノミー

All You Need to Know About Sharing Economy

Airbnb Japan 株式会社
執行役員
長田英知

Discover

はじめに

今、私たちは時代の転換点を迎えています。

2019年は、元号が平成《へいせい》から令和《れいわ》に変わった年です。

新しい時代の幕開けを祝福するかのように、2020年には二度目の東京オリンピック、2025年には二度目の大阪万博が開催されます。

最初の東京オリンピックと大阪万博が行われた1960年代〜1970年代前半は、日本の経済成長が軌道に乗った時期でもありました。

新幹線や首都高速道路、羽田空港（現・東京国際空港）など、その後の経済発展を支える社会インフラに多くの投資がされました。また、一般家庭に「三種の神器」と呼ばれたカラーテレビ、洗濯機、冷蔵庫などが普及していったのもこの時代です。

最初の東京オリンピックで使用された代々木体育館を設計した丹下健三《たんげけんぞう》氏は「東京計画1960」の中で、新しく大胆な都市像を提示しました。

結局、その計画は実現に至りませんでしたが、大胆な提案が出され、受け入れられるような空気感がこの時代にはあったように思います。

一方、二度目のオリンピックと万博を迎えようとしている現在、世間が高揚感やきらびやかさに満ちているかというと、そうではないように感じます。

もちろん新しい時代を祝うイベントや式典はあり、ゴールデンウィークの10連休では、多くの人がレジャーを楽しんでいました。

しかしそれは、「新しい時代を無邪気に楽しむ」という雰囲気ではなかったように思います。

その大きな理由としては、**「人口減少」「高齢化」「一極集中」**など、日本の将来への漠とした不安が現実味を帯びてきたことがあるのではないでしょうか。

2020年、東京都、沖縄県を除く45の道府県で人口が減少に転じます。

２０２５年には、団塊の世代が75歳以上の後期高齢者となり、人口の５人に１人が75歳以上になります。

そして超高齢化社会を見据えて、年金支給年齢の引き上げや支給額の引き下げなどが検討されています。

さらにはＡＩやテクノロジーの進展により、単純作業だけではなく、専門的な仕事までもがロボットやシステムにどんどん代替されていきます。そのような中、「人はどのようにして自らの存在意義を見出していくのか」を一人ひとりが真剣に考えなければならないときを迎えています。

私たちは今日、「生まれてから、死ぬまで」を豊かに安心・安全に暮らしていくことがとても難しい時代を生きています。

もちろん戦争などの社会不安がある時代とは異なり、表面的な安定や発展は続いていますし、それがいつまでも続いていくような感覚や期待感もあるでしょう。

しかしその一方で、火にかけられていることに気づかないで鍋の中にいる茹でガエルのように、じわじわと居場所がなくなっていき、いつの間にか生きる術すら失ってしまいそうな不安を多くの人が無意識に感じているように思います。

私は大学卒業後、国内大手生命保険会社に入社しましたが、約1年半で退職し、25歳で市議会議員になりました。当時、20代での転職は一般的ではなく、まして政治の道に入るなどは、ほとんど考えられない時代だったので、「一般企業に勤めることは二度とできない」と覚悟をして会社を辞めたことを覚えています。

その後、政治家から戦略コンサルタントになりましたが、転職活動はとても大変で、一度レールから外れたらセーフティネットがないことを痛感しました。

ダーウィンは進化論において「最も強い者が生き残るのではなく、最も賢い者が生き残るのでもない。唯一生き残るのは変化できる者である」と述べています。この言葉の意味を身をもって学んだ経験でした。

この状況は、転職がより一般的になっている現在も変わらず、大きな社会問題になりつつあります。

「いい大学を卒業して、いい会社に入れば一生安泰」といったこれまでの人生の成功モデルはもはや通用しない。昨日まで業績がよかった大企業が突然の不振に陥り、あえなく倒産することも稀ではない。しかしそこで、会社に滅私《めっし》奉公《ほうこう》していた社員を守ってくれるものは、ほとんど何もないのです。

その後、コンサルタント職を離れて、宿泊施設の貸し借り（シェア）を個人間で行うネットワークサービスを提供するAirbnb Japan（エアビーアンドビージャパン）に参画したのは、「シェア」という考え方と、それに基づき設計される新しい経済システムは、この社会変化の中で多様な生き方を実現するための基盤となるだろうと考えたからです。

実は、シェアという考え方は新しいものではなく、昔から日本のコミュニティを支える重要な役割を担っていました。

しかし、近年の新しいテクノロジーは、シェアの概念を**「シェアリングエコノミー」**という新しい経済システム（本書では「共用経済」という言葉で説明します）にまで昇華させることを可能にしました。

そして、この新しい経済システムに立脚した新しい働き方やビジネスモデルが、次々と生まれ、進展しようとしています。

今の時代、限られた人的資源と投資マネーで付加価値を生み出すために、これまでのように大規模投資を行うことによって新しいインフラをつくっていくのは現実的ではありません。

それよりも、**今ある資産をシェアという概念でよみがえらせ、より少ない投資で新しい事業を始める仕組みや働き方を推進していくほうが賢明で、新たな活路を確実に見出せます。**

シェアが一般的になれば、会社に勤めている人も本業以外で収入を得られる選択肢を少ない投資コストで確保することができます。

出産や育児、親の介護などの理由で、フルタイムの仕事ができないときは、自分がそれまでに培ってきた経験やスキルを活かし、空いている時間を活用してお金を稼ぐことが可能になります。そしてシェアは人と人をつなぎ、新たなコミュニティを生み出します。

このように、**シェアは社会の新たなセーフティネットとなる**のです。

私たちは今、社会構造と物事の考え方を大きく変える潮目にきています。

これまで前提としてきた資本主義という経済システムを補完、あるいは代替する可能性を秘めている**共用経済への転換期は、まさに今**です。

「世界の注目が日本にある2020〜2025年という時期を前に、この転換を成し遂げるための地図を描きたい」という思いが、本書執筆の大きなきっかけになりました。

本書では、

- **シェアがなぜこれからの時代の社会スタンダードとなっていくのか**
- **私たちがこれからの時代を生き抜くうえで、シェアはどのようなライフスタイル、ワークスタイルを可能にするのか**

・日本の社会の未来を築く共用経済の確立に向けて、どのような取り組みを進めていけばよいのか

といったことについて考察していきたいと思います。

2019年9月

長田《ながた》英知《ひでとも》

いまこそ知りたいシェアリングエコノミー　目次

第1章　シェアの歴史といまを知る

第2章 シェアの可能性を知る

第3章

過去の働き方とこれからの働き方

第4章

シェアが可能にする幸せな働き方

第5章

「利用者」としても「提供者」としても、シェアを活用するために

第6章 シェアが与える日本企業へのインパクト

第1章

シェアの歴史といまを知る

なぜいま、「シェア」が評価されるのか？

最近、**「シェアリングエコノミー」**という言葉をニュースやビジネスの現場で耳にすることが増えました。

特に2019年には、シェアリングエコノミー企業の代表格とされるLyft（リフト）やUber（ウーバー）、WeWork（ウィーワーク）といった、巨額の時価総額で評価されているユニコーン企業が株式の公開や、年内の公開を予定しているなどの報道が世間を賑わせています。

2019年5月に株式上場した米ライドシェア最大手Uberの上場時の時価総額は、約760億ドル（約7兆9800億円。1ドル＝105円で算出。以下同じ）でした。

同時期の日本の企業の時価総額の1位はトヨタで約22兆円、2位のソフトバンクグループが約12兆円、3位のNTTが約9兆円、4位のNTTドコモが約8.2兆円です。

つまり、**UberはNTTドコモとほぼ同じ時価総額の規模で上場**しているのです。

2016年の世界的な調査によると、シェアリングエコノミーのプラットフォーム企業の時価総額の合計は4兆3000億ドル（約451兆5000億円）、直接雇用者は130万人にのぼるといわれています。

これらの企業の多くは、創業からまだ10年前後しか経っていません。また経営は黒字化しておらず、巨額の赤字を毎年計上している企業が大半を占めています。

それにもかかわらず、シェアリングエコノミー企業がこのような高い評価を受けているのは、今後の市場の伸びに対する強い期待と可能性があるからです。

シェアリングエコノミーの世界の市場規模は、2013年に約150億ドル（約1兆5750億円）でしたが、2025年までに約3350億ドル（約35兆1750億円）に拡大すると予測されています（平成28年版 総務省情報通信白書）。

シェアリングエコノミーの市場規模（単位：ドル）

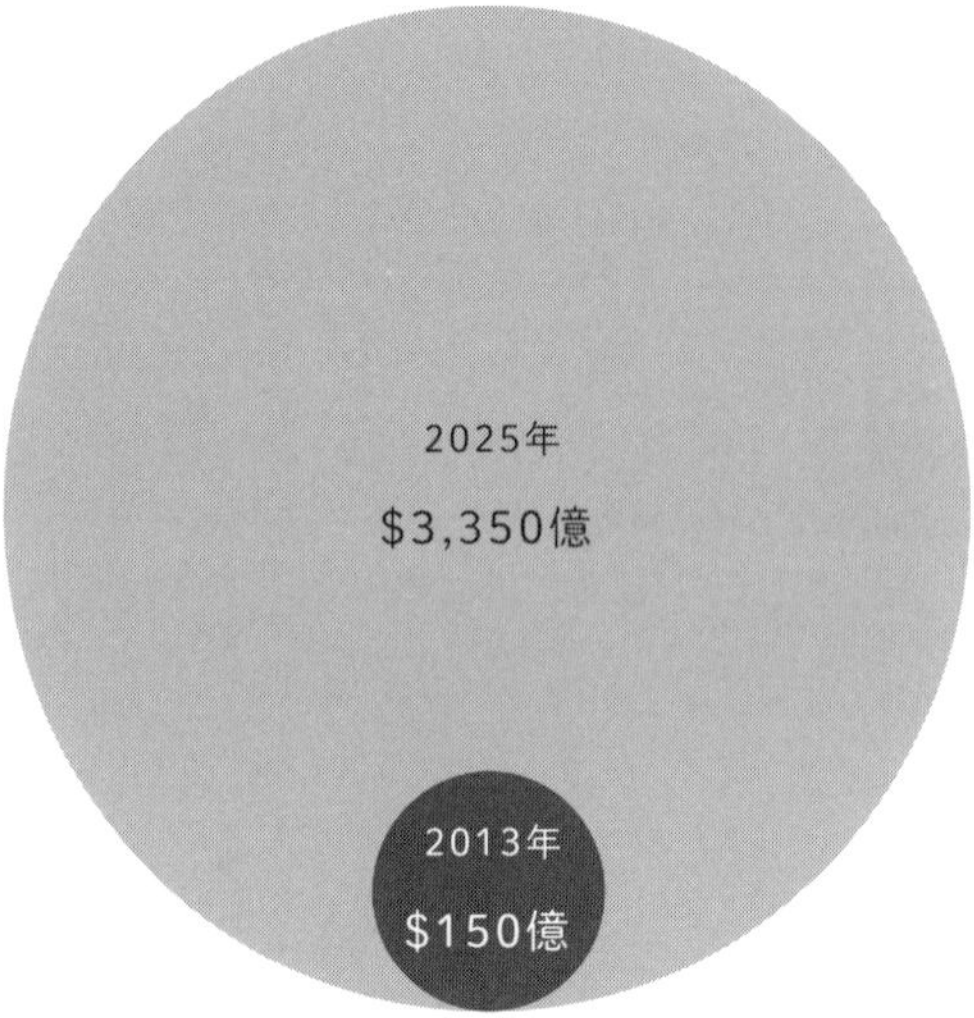

またアメリカでは、２０１７年に５５００万人がシェアリングサービスを利用したと推計されていますが、中国では普及がさらに目覚ましく、同２０１７年に前年と比べて1億人増の約6億人がシェアリングエコノミーを利用したといわれています。

サービス開始からわずかな期間で、世界中の人々がシェアリングエコノミーのサービスを利用していることがわかる数字です。

日本国内でも多様なシェアリングエコノミー企業が活躍しており、市場規模も年々大きくなっています。

また２０１８年６月には、住宅宿泊事業法、いわゆる民泊新法が施行されるなど、法制度面での整備も進みつつあります。

こうしたニュースを見ていると、シェアリングエコノミーはここ10年で急速に立ち上がった新しい市場とサービスのようにも思えます。

しかし、**シェアという概念自体は、はるか昔から日常的に存在し、私たちにとても馴染みのある経済活動**なのです。

そこで本章では、昔から行われてきたシェアの種類について理解を深めるところから始めたいと思います。

そして、今話題になっているシェアリングエコノミーと昔からのシェアにはどのような違いがあるのか、なぜシェアリングエコノミーが「新しい価値」として話題になっているのか、といったことについて考えていきましょう。

私たちの暮らしを支え、豊かにした3つの「シェア」

Airbnbの創業メンバーのひとりで現在のCEOであるブライアン・チェスキーが、家族にAirbnbのサービスのアイデア（見知らぬ他人に自分の家を貸し出すというサービス）について話したとき、彼の両親は全く理解を示さなかったのに対し、**ブライアンの祖父はサービスに将来性を感じてくれた**という逸話を聞いたことがあります。それは、ブライアンの祖父の「若かった頃に旅行で苦労した記憶」が関係しています。

ブライアンの祖父が若かった当時、旅行はとてもお金がかかるものでした。ヒッチハイクをしたり、人の家に泊めてもらったりという旅行スタイルが一般的で、自らも体験者だったため、「見知らぬ他人に自分の家を貸し出す」というAirbnbのサービスに違和感を感じなかったのです。

この逸話が象徴しているように、**シェアは、昔から私たちの暮らしにさまざまな形**

で存在してきました。

特に、衣食住にかかわる資源やインフラといった、生きていくために必要不可欠なものには、シェアが有効に活用されてきました。

コミュニティによる「扶《たす》け合いとしてのシェア」

たとえば水資源について考えてみましょう。

いうまでもなく、水は人々が生活し、農作物などを育てるために欠かせない資源です。水資源を安定的に確保するためには井戸を掘ったり、川から水路を引いてきたりする必要があります。

しかし、ほとんどの人は自分専用の井戸や水路を持つだけの財力や労働力を持っていません。そこで村や集落単位でコミュニティをつくり、共同で水インフラを保有、維持、管理する仕組みやルールを整えてきました。

つまり、**金銭面あるいは労働面での負担をシェア（分散）して初めて、人々は水の安定的な供給を確保することができた**のです。

生活に必要となる資源は、ほかにもその多くがコミュニティ単位でシェアされてきました。

たとえば、「入会地《いりあいち》」と呼ばれる土地があります。生活に欠かせない資源を得ることができる場所として、村落共同で管理、利用されている土地のことです。薪や用材を切り出すための山や、屋根を葺《ふ》く茅《かや》を刈り取るための原野、あるいは地域の水源などが入会地としてシェアされていました。

さらに、労働力も重要なリソースとしてシェアされてきました。

たとえば農村では、稲の収穫や茅葺き屋根の葺き替えなどを、村人全員で持ち回って行う仕組みが存在していました。

また長屋暮らしなどでは、「味噌や醤油の貸し借り」という言葉に象徴されるように、必要なものをシェアしながら暮らしていく風習もありました。

このような昔ながらのシェアの仕組みを、本書では**「扶《たす》け合いとしてのシェア」**と呼びたいと思います。

扶け合いとしてのシェアの特徴は、お互いがお互いのことをよく知っている地理的、あるいは血縁的につながったグループがひとつのコミュニティ（共同体）を構成し、そのコミュニティ内で相互シェアが行われるところです。

地縁、血縁をベースとしたコミュニティは、当時生きていくうえで必須の仕組みであり、その秩序が守られることは日々の暮らしを維持していくためにとても重要でした。

この考え方を象徴しているのが、「村八分」という言葉です。

村八分とは、地域の共同生活におけるさまざまな行為のうち、葬式と火事以外の一切の交流を絶たれることを指しています。村八分になった人は、たとえば先述した入会地の利用も停止されます。そうすると薪炭や水資源などを得られず、村落での生活を実質的に失うことになるのです。

このような仕組みをつくってまでもコミュニティのルールが守られ、みんなで扶け合いながらシェアを行っていく仕組みが、生きていくための重要なシステムとして、昔から存在していたのです。

政府・自治体による「公共としてのシェア」

コミュニティによる「扶け合いとしてのシェア」を通じて提供されたインフラなどは、時代の流れに乗って**政府・自治体が提供するサービスへと代替**されていきます。

水資源は、村のコミュニティで維持・管理されていた井戸や水路から、より広範囲に水を提供できる水道システムへと移行していきました。

近代国家が成立する前の江戸時代でも、水道インフラ（飲用できる公共的な水道整備）として神田上水や玉川上水などが整備され、上水奉行や町奉行がこれらを管理していたといわれています。

本格的な水道システムが発展・普及したのは、近代国家が成立した明治時代以降のことです。１８８７年の横浜を皮切りに、函館、長崎、東京などで水道システムの整備が行われていきました。

その後、戦争の影響もあって水道システムの普及は一時期停滞します。１９５７年時点の上水道の普及率は40％程度でしたが、高度経済成長期にインフラ整備が加速し、

２０１１年末時点で上水道システムの普及率は97・5％までに達しました。

近代の水道システムは、**「多人数でインフラの費用と便益を分け合う」**という点では、井戸や水路の共同利用と同じ原理で機能しています。

しかし、**「費用と便益を負担する人々の関係性（広がりと強度）」**という点では大きく異なります。

近代の水道システムは、村落よりも広範囲にわたる人から使用料を集めます。そのため、事業用途も含む大量の水資源を供給する仕組みをつくる必要がありました。

そこで近代水道システムでは、客観的で公平な法律やルールを定めて、国家や自治体レベルでインフラを構築し、使用者から税金あるいは使用料金を徴収するシステムをつくりだしたのです。

このように政府・自治体が提供しているインフラサービスを、本書では**「公共としてのシェア」**と呼びます。

「扶け合いとしてのシェア」では、信頼関係に基づいて相互に水インフラをシェアしていました。しかし、「公共としてのシェア」では、国家システムへの信頼に基づいて個々人がお金を支払うことで、見知らぬ他人同士が水インフラをシェアしています。

このように、「公共としてのシェア」と「扶け合いとしてのシェア」では、**提供者と利用者の関係性に大きな相違**があります。

「扶け合いとしてのシェア」は、サービスの提供者と利用者のどちらもが個人であり、提供者が利用者に、利用者が提供者に入れ替わることがあります。

一方、「公共としてのシェア」ではサービスの提供者と利用者が入れ替わることはなく、提供者（政府・自治体）は常に提供者の立場にあり、利用者（市民）は常に利用者の立場です。

また、**「公共としてのシェア」では、利用者と提供者が物理的、継続的につながるのが困難なほど広いエリアでも、大勢の人にサービスを提供するシステムを構築**することが可能です。

近代国家は「公共としてのシェア」の仕組みを活用することで、さまざまな生活インフラを政府・自治体のレベルで提供するようになりました。

鉄道交通や電力など、企業で提供されているように思えるサービスでも、実際には政府の厳しい規制と補助の下に運営がされるなど、極めて公共的な形で運用が行われているのです。

もうひとつの大きな違いは、「扶け合いとしてのシェア」は提供者と利用者の横のつながりと信頼で成立する双方向性のサービスであるのに対し、「公共としてのシェア」は提供者（政府・自治体）が定めた制度に基づく一方向性のサービスとなっているということです。

より広範囲に、より多くの利用者へのサービス提供を可能にした結果、相互の信頼や相互作用を必要としない仕組みが生まれたのです。

「扶け合いによるシェア」と「公共によるシェア」の提供者・利用者の関係性の違い

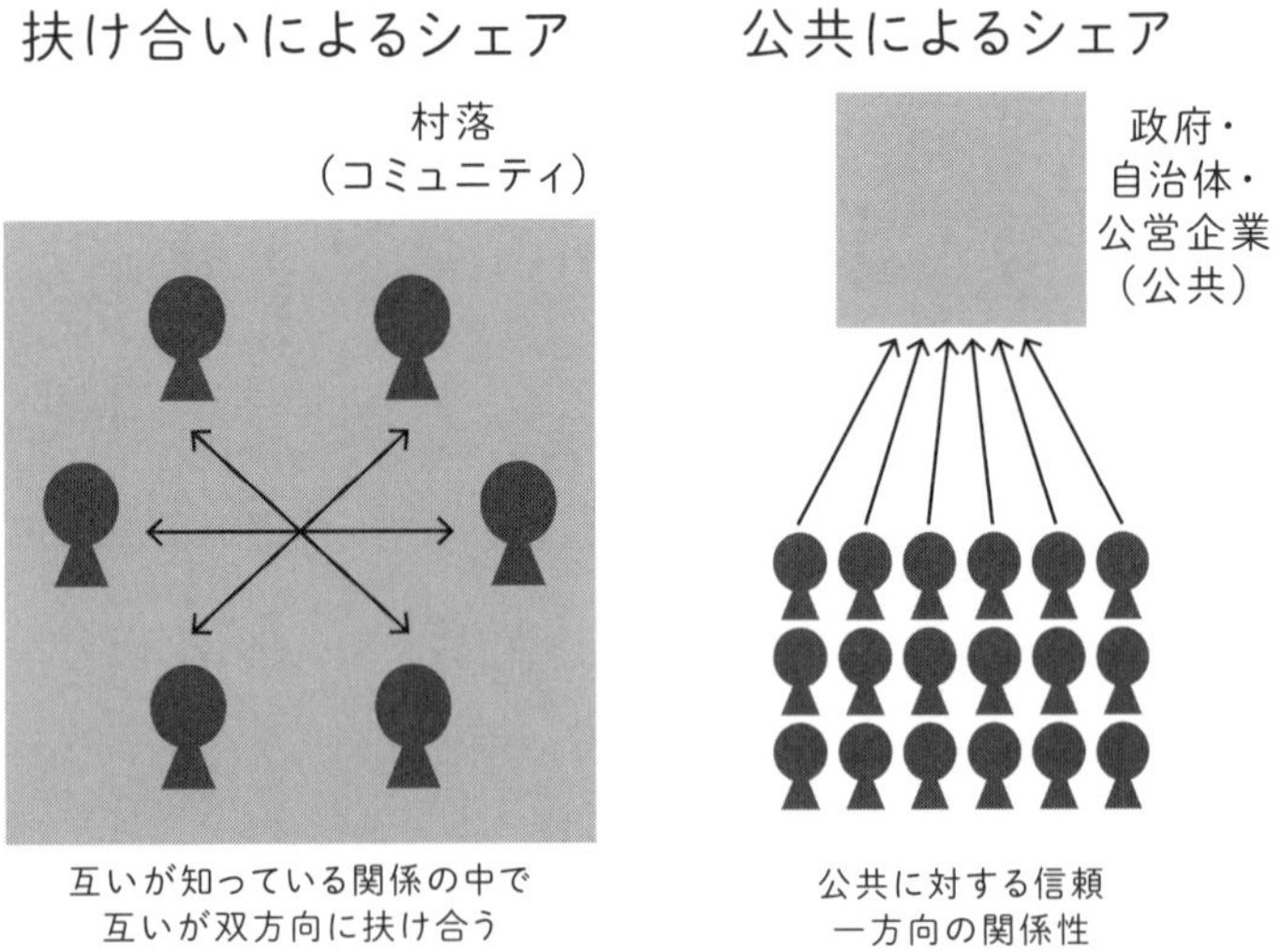

企業による「営利としてのシェア」

従来型のシェアの形態として最後にご紹介したいのが、企業が営利活動として行っているレンタル事業です。

みなさんにも馴染みがあるレンタカー事業とCD・DVDのレンタル事業の2つを例にとって考えていきます。


レンタカーやCD・DVDのレンタルは、企業がモノを所有し、会員である利用者にモノを提供する仕組みのため、シェアの概念に含まれるサービスだといえます。

本書では、この企業によるシェアを**「営利としてのシェア」**と呼びます。


レンタカー事業は1960年代後半の高度経済成長期に、「自動車メーカーが自社の自動車に乗ってもらう機会を増やす」という目的でサービスが開始されました。

一方、CDなどのレンタル事業は1980年代から市場が拡大していきました。最初に市場を牽引したのは、音楽業界のプレイヤーではなくベンチャーや他業種からの参入事業者でした。
その結果、当初は音楽業界と著作権などに関する摩擦が生じていましたが、産業として発展していく中で、結果として音楽市場を広げる役割を果たしています。

レンタカーやCDなどの営利としてのシェアは、「サービスの提供者＝企業」「利用者＝会員」というように、**関係性が一方向に固定**されている点において、「公共としてのシェア」と類似しています。

しかし一方で、この2つのシェアの間にも大きな違いがあります。
政府・自治体が提供するシェアサービスの対象は、水や電力、鉄道交通など、生きていくために必要不可欠で、かつ個人ではまかなうことが難しいサービスです。
一方、企業が提供するシェアサービスの対象は、**車や音楽、動画など、生きていくために必要不可欠ではないけれど、それがあると生活が充実するといった、贅沢品が**サービスの対象です。

また「営利としてのシェア」は、より利便性のある新サービスが登場すると、ある種の世代交代を迫られることになります。

このことをレンタカー事業とCDレンタル事業の市場の明暗を通して考えてみます。

帝国データバンクの調査によると、レンタカー業を主業とする273社の2016年度の総収入高は1兆648億1300万円（前年度比9・6％増）で、はじめて1兆円を超えました。

レンタカー市場はなぜ発展しているのでしょうか。そこには、旅行会社の影響があります。

現在、世界の旅行市場は右肩上がりで拡大しているとともに、旅行の形態は団体旅行から個人旅行へとシフトしているといわれています。しかし、旅行先での移動のために自動車を購入することは、当然ながら現実的ではありません。そこで、レンタカーの利便性とニーズが高まりました。そう考えると個人旅行者の選択肢を増やすレンタカー市場の拡大はある意味、必然の流れなのです。

一方、ＣＤレンタル市場は苦戦が続いています。

日本レコード協会の発表によると、２０１８年（6月末時点）の全国のＣＤレンタル店数は２０４３店で、前年比で６％減っています。店舗数の減少は21年連続で、ピーク時の６２１３店（１９８９年）と比べて、３分の１の水準にまで落ち込んでいます。

ＣＤレンタルという市場が生まれ、急速に拡大していったのには、「さまざまな音楽を家庭で気軽に聴きたいけれど、ＣＤを何枚も購入するのは大変」といった、利用者のニーズとマッチングした結果でもあったのです。

しかし現在は、「定額制の音楽配信サービス」という新しいシェアの形態が一般的になりました。そのため、わざわざＣＤをレンタルする必要がなくなり、さらにコストも大幅にかからなくなりました。

その結果、ＣＤレンタル業界市場のニーズは減少しつつある、というのが現状です。

以上が従来型のシェア、３タイプです。

一方、今話題となっている新しいシェアは、ここ10年ほどで誕生し、これまでのシェアとは異なる形で世の中に普及しています。
さらには、従来の資本主義経済のあり方を変える新しい経済システムとしても機能するようになっています。

なお本題に入る前に、新しいシェアにかかわる本書の言葉の使い方について整理しておきましょう。

シェアリングエコノミーの文脈で「シェア」という言葉を使うとき、一般的には「共有」という言葉で翻訳されることが多いと思います。
しかし、これからの時代の**新しいシェアは、「共有＝共に所有する」ではなく「共用＝共に利用する」というところに本質がある**と、私は考えます。そこで本書では「シェア」の訳語を「共用」と表していきたいと思います。

共用の仕組みは、近年のデジタルトランスフォーメーション（デジタル変革）により大きな進化を遂げました。つまり、グローバル規模のネットワークで共用が行われることで、新しいコミュニティや価値観に基づく新しい社会観や経済システムが生まれようとしているのです。

この新しいシェアの形を本書では、「社会的共用」という言葉で呼んでいきたいと思います。また社会的共用が実現した新しい経済システムを「共用経済」という言葉で表していきます。

これからの時代に役立つシェアの形

新しいシェアは、オンライン上のプラットフォームでサービスを提供しています。

オンライン上のプラットフォームは、さまざまなモノや価値を、多様な主体間で（時には全く見知らぬ個人間でも）、シェアすることを可能にしました。

その結果、新しいシェアサービスのほとんどが、ここ10年で急成長し、世界中で利用されるサービスとして大きな広がりを見せています。

こうした新しいシェアサービスは、これまでのシェアとは形態が異なるため、利用したことのない人には、それがどのような価値を生み出すのか、なぜ便利なのか、といったことがわかりづらい部分があります。

そこで私が現在勤務している、ホームシェアリングサービス（宿泊施設の貸し借りを個人間で行えるサービス)を提供するAirbnbを例にとって、サービスの概要をご紹介します。

新しい旅の形を提案するAirbnbのシェア

Airbnbは2008年にサンフランシスコで創業されました。

宿泊場所として自宅を貸し出したい地域の住民と、その土地を訪れる個人旅行者をつなぎ、新しい旅の形を提案するプラットフォームです。

創業のきっかけは、地価が高騰するサンフランシスコで、家賃の工面に困った創業者が、当時住んでいたアパートの一室にエアーベッドを置いて貸し出し、さらには朝食(ブレックファースト)を提供したことにあります。

AirBedandBreakfast(エアーベッドアンドブレックファースト)というサービス内容は、そのまま社名になり、やがてAirbnbに短縮され、創業から約10年が経った現在では、世界191カ国の10万の都市で、600万以上の物件を提供するまでに成長しました。

創業から現在までの間にAirbnbを利用して宿泊したゲスト（利用者）の累計は5億人を超え、ホスト（提供者）が稼いだ累計収入は約6.5兆円にのぼります。

また2016年のリオデジャネイロ五輪では、オリンピックの開催期間中に約8万5000人のゲストがAirbnbの物件に宿泊し、期間中だけでホストの収入額は30万ドルにも上りました。

Airbnbの大きな魅力のひとつは、ユニークな物件をプラットフォーム上で借りることができるところにあります。

現在、Airbnbでは、一般家庭でのホームステイに留まらず、地域の伝統的な住宅や別荘、さらにはお城やツリーハウス、無人島まで、さまざまな場所を借りることができます。

貸し出しの値段も、とてもリーズナブルなものから超ハイエンドなものまで、幅広いラインナップが揃えられています。

いくつか実際の物件をご紹介していきましょう。

たとえば、ロサンゼルスにある物件はプール付きで1泊270ドル程度から泊まることができます（図1：https://www.airbnb.jp/rooms/plus/17478068）。

さらに豪華な旅を考えているのなら、カリフォルニアの砂漠地帯にある邸宅がおすすめです。1泊1万ドルから借りられて、16人以上のゲストが宿泊することができます（図2：https://www.airbnb.com/rooms/3218927）。

Airbnbには近代的な邸宅だけでなく、地域の歴史あるユニークな物件や、伝統的な建築も数多く掲載されています。たとえば、ボルドーにあるお城は650ドルから泊まれます（図3：https://www.airbnb.com/rooms/3847811）。

またアメリカのアトランタ市にあるツリーハウスは1泊約375ドルから宿泊ができます（図4：https://www.airbnb.jp/rooms/1415908）。ちなみにこのツリーハウスに宿泊したゲストが、その様子をInstagram（インスタグラム）でシェアしたところ、約4万4000の「いいね」を集め、Airbnb関連のInstagram投稿で、2017年に人気のあった写真のトップ5に選ばれています。

フィンランドではイヌイットの伝統的なかまくらの家（イグルー）に宿泊できます。

Airbnbで貸し出している物件例

図4

図1

図5

図2

図6

図3

こちらの宿泊料金は、１泊約１万円から（図５：https://www.airbnb.jp/rooms/9386477）。

そのほか、帝国ホテルの設計などで日本でも馴染みの深い建築家、フランク・ロイド・ライトが設計した家には、約３００ドルから宿泊することができます。こちらの家はホストが18カ月かけてフルレストア（新築に近い状態に戻すこと）をしており、素晴らしい状態の芸術的な部屋になっています（図６：https://www.airbnb.jp/rooms/16024637）。

わずか10年ほどで世界中のあらゆるタイプの家がその門戸を開き、見知らぬ利用者を受け入れて、すでに5億人もの人が利用をしている、それがAirbnbなのです。

ではなぜ、Airbnbのようなホームシェアのプラットフォームに、このような多様な物件が掲載されるようになったのでしょうか。

見知らぬ人が見知らぬ人のところに泊まるという、とてもハードルの高いサービスが、どうしてこんな短期間に口コミだけで１９１カ国にまで広がっていったのでしょうか。

このことを理解するために、「新しいシェア」と「従来型のシェア」の違いについて考えてみたいと思います。

そして「新しいシェア」のサービスの広がりが意味すること（＝資本主義経済から共用経済への転換）が、私たちのライフスタイルやワークスタイルをどのように変えるかも明らかにしていきます。

「これまでのシェア」と「これからのシェア」

従来型のシェアと新しいシェアには、大きな違いがあります。その違いをわかりやすく理解するために、2つの軸で整理していきたいと思います。

ひとつめの軸は、決められた地縁・血縁・行政区域などの「閉じられた」範囲でサービスが提供されているのか、それとも利用者のニーズに応じて「開かれた」範囲で柔軟にサービスが提供されているのかという、**対象範囲を示す軸**です。

そして2つめの軸は、シェアが一方向なのか、それとも双方向なのかという、**提供者と利用者の関係性を示す軸**です。

以上の2つの軸で考えてみたとき、従来型のシェアと社会的共用としてのシェアは、それぞれどのように位置づけられるのでしょうか。

まず、「従来型のシェア」から考えていきます。

コミュニティによる「扶け合いとしてのシェア」は、限定的なエリア（第1の軸）における双方向の貸し借り関係（第2の軸）で成立しているサービスと位置づけられます。

次に「公共としてのシェア」は、よりサービス提供範囲が広がりますが、その範囲は政府や自治体の行政区域というように境界がきちんと定められた圏内に限られる（第1の軸）という点で、「扶け合いとしてのシェア」と類似性があります。

しかし、対象者との関係性は「扶け合いとしてのシェア」と異なります。「公共としてのシェア」の提供者である政府・自治体は、常にサービスを提供する側であり、国民・市民は常にサービスを利用する側です。このように、その関係性は

各シェアの提供者と利用者の関係性

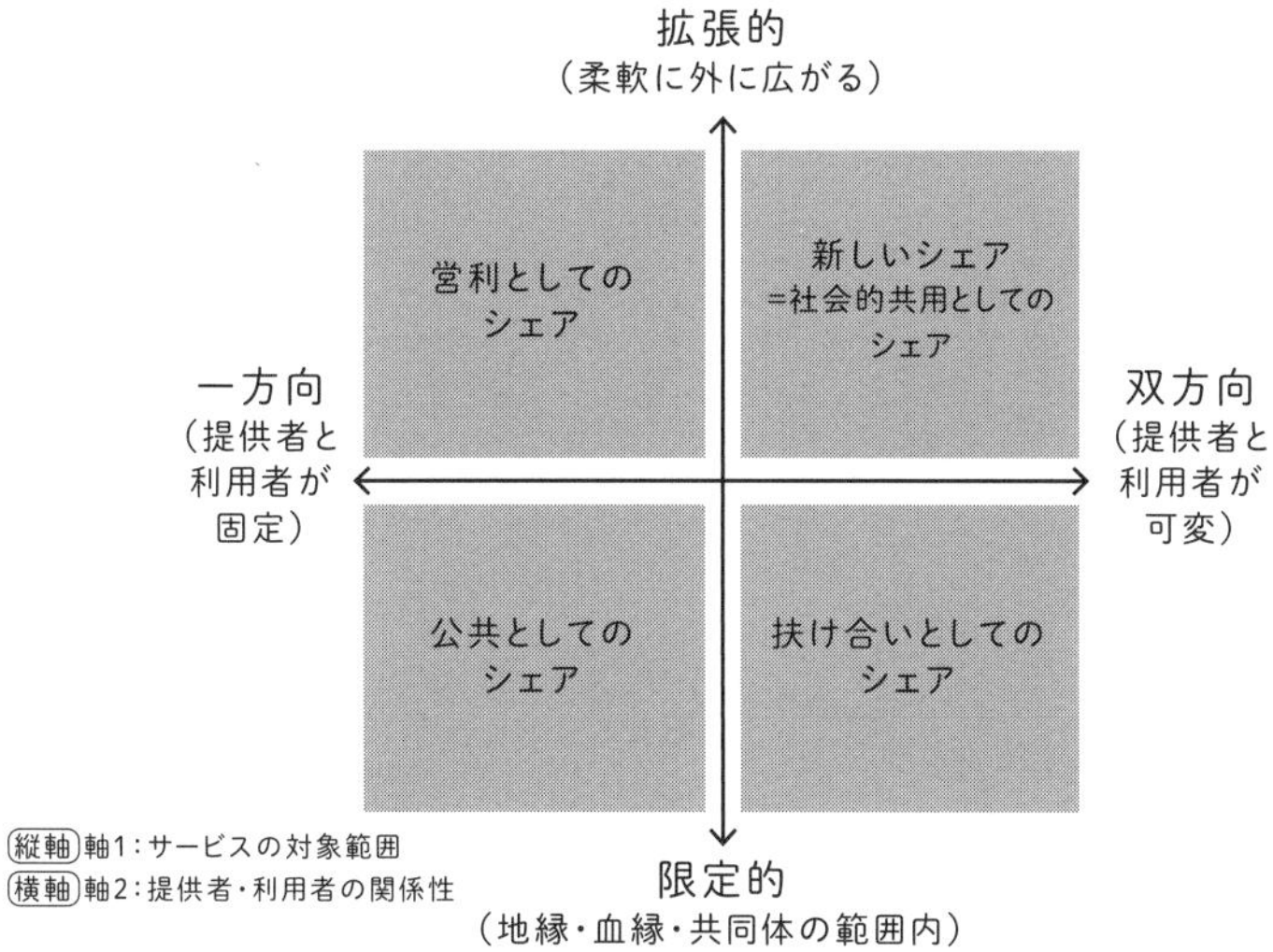

一方向に固定（第2の軸）されています。

3つめの従来型のシェアである「営利としてのシェア」も、一方向の関係性（第2の軸）でサービスを提供していますが、サービスの提供範囲に地縁・血縁・共同体などといった枠組みがない（第1の軸）という点が特徴です。

すなわち提供者は、ニーズがある限り、特定の地域を超えて日本全国、さらには世界にもサービスを提供できます。

ではこれら3つの従来型のシェ

アと比較したとき、新しいシェアは、どのように位置づけられるのでしょうか。

新しいシェアの特徴は、「あるコミュニティ・ネットワークに属する見知らぬ個人間(第1の軸)の双方向の取引(第2の軸)」を可能にした点です。

利用者が提供者になり、提供者が利用者になれることは、お互いをよく知っている地縁・血縁関係の間や、すでにさまざまな情報が公開されている企業間のサービスとしては考えやすいと思います。

しかし、新しいシェアのサービスは、**見知らぬ企業、個人間の双方向のやり取りを「低コスト・低リスク」で実現しているところに、大きなイノベーションがあるのです。**

これまでの常識にとらわれない、新しいシェアの形

従来型のシェアと新しいシェアでは、シェアの対象となるモノも異なります。

まず、従来型のシェアの特徴について見ていきます。扶け合いとしてのシェアや公共としてのシェアでは、水や電力、交通手段など生活に必要不可欠で、個人での維持

管理が困難な生活インフラが共有されます。

個人レベルでの入手が難しいという点では、営利としてのシェアが共用するモノも同様です。ただ、そのサービスは贅沢品が中心となります。

これらのシェアは、そのサービスを必要としている人がいないと成立しません。もし、水インフラを利用する人がいなくなれば、その水インフラの使い道はなくなります。

つまり、**誰かが利用することを前提としてあらかじめシェアするモノを用意し、一定規模の利用者がいるマーケットがあって初めて成立するサービスが従来型のシェア**です。

一方、新しいシェアの対象は、従来型のシェアとその性格を異にしています。

新しいシェアでは、シェアするためにあらかじめ用意されたモノだけがサービスの対象になるわけではありません。

誰かが所有し、普段利用しているモノが、利用されず「余剰」状態にあるときに他の誰かがアクセスし、利用できる点が新しいシェアの大きな特徴です。

後で詳述しますが、「アクセスできる」ということは、ある特定の個人の所有物が、一定の条件下で共用されることであり、新しいシェアの核となるコンセプトです。**所有権は常に提供者にありますが、所有権を超えて利用されることでリソースの最適化を図ることが新しいシェアの狙い**なのです。

したがって新しいシェアは、**新たな投資を行わなくても、既存のインフラやリソースの余剰で市場が成立し得るサービス**であるといえます。

つまり、新しいシェアの対象になる可能性を秘めているモノは、実に幅広く存在しています。

このシェアできる対象者と対象物の圧倒的な広がりが、新しい経済システムを広げる原動力となったのです。

こうしたことを踏まえて、本書では、これからの時代の新しいシェアを「社会的共用としてのシェア」と呼びたいと思います。

新しいシェアを支えるもの①〜進化するテクノロジー

ここからは「社会的共用としてのシェア」が圧倒的に広がっていった背景についてもう少し見ていきましょう。

それは、この数十年間で起きた**「デジタルトランスフォーメーション」**と、**「個人間の安心・安全な取引を可能にする制度・デザイン」**です。まずは、前者について見ていきます。

デジタルトランスフォーメーションとは、2004年にウメオ大学（スウェーデン）のエリック・ストールマン教授が提唱した概念です。

その基本的な概念は、「ITの浸透が生活をあらゆる面でよりよい方向に変化させる」というものです。

「平成30年版　情報通信白書」（総務省）では、「デジタルトランスフォーメーションが進展することによって、特定の分野、組織内に閉じて部分的に最適化されていたシステムや制度等が社会全体にとって最適なものへと変貌すると予想される」とされています。**これは、将来的に現実世界とサイバー空間がシームレスに（境界線を超えて）「つながる」ことを意味しています。**

社会的共用としてのシェアは、この現実世界とサイバー空間がシームレスにつながる世界があって初めて実現することができます。なぜなら、社会的共用を成立させるためには、一定数以上の広範囲にわたる提供者と利用者のマッチングが必要だからです。

いいかえれば、社会的共用としてのシェアを構築するためには、それを支える技術的基盤が必要ということです。

ここからは、その技術について具体的に解説していきます。

デジタルトランスフォーメーションのイメージ図

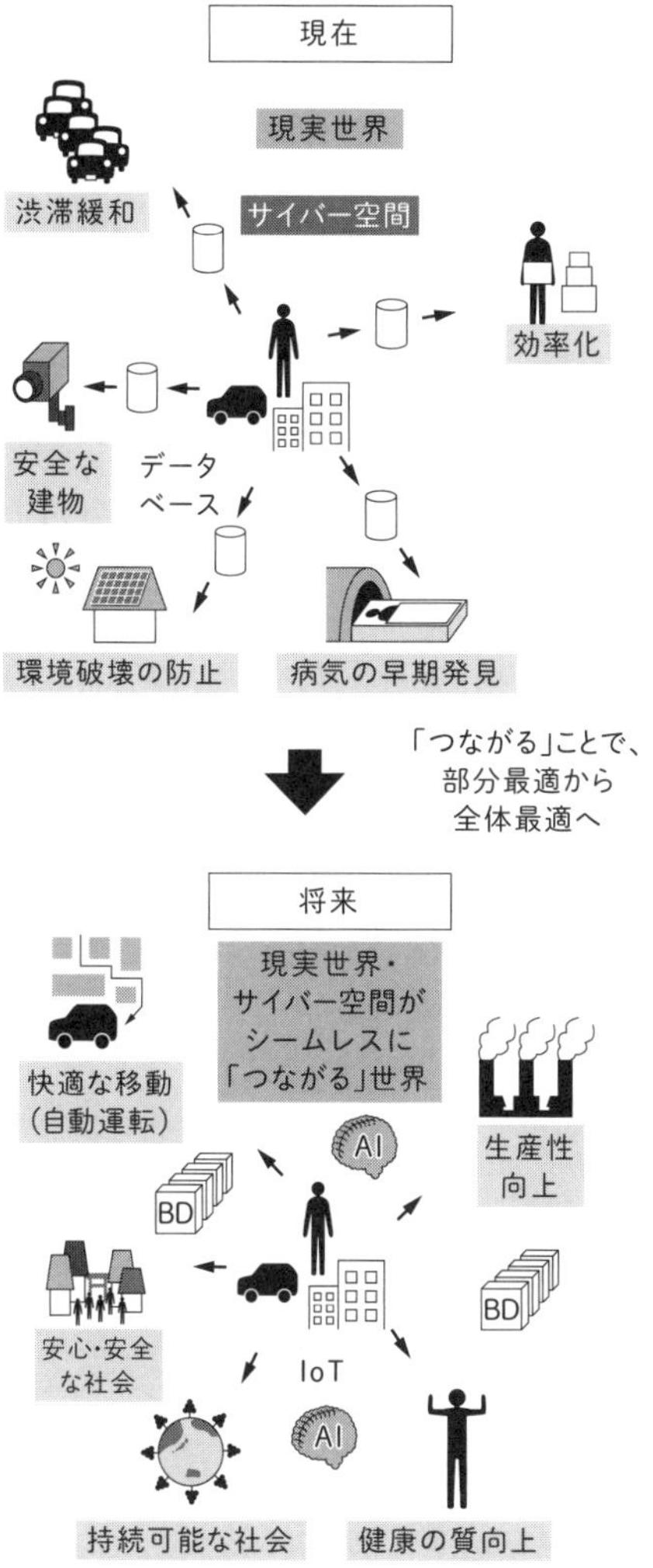

出典：総務省「平成30年版　情報通信白書」

オンラインプラットフォームが取引コスト・リスクの最小化を可能にした

社会的共用としてのシェアサービスを支える基盤としてまず取り上げたいのは、**オンラインプラットフォームによるサービス提供の仕組みと、その確立**です。

オンラインプラットフォームは、非対面の商取引のリスクを軽減し、取引コストを最小化するための仕組みとして、インターネットとともに発展してきました。

1995年にはeBay（イーベイ）、1996年には楽天市場が開設され、2000年にはAmazon（アマゾン）が書籍を扱うオンラインプラットフォームとして誕生しています。

オンラインプラットフォームは次の機能を提供することで見知らぬ個人間の遠隔での取引の成立を可能にしています。

①売りたい「モノ・サービス」がある人がインターネットを通じて、簡単に低コストでマーケティングすることができる

②買いたい「モノ・サービス」がある人はインターネットを通じて、簡単に商品を購入することができる
③見知らぬ個人間の取引の安全性を担保し、リスクを低減する方法として、相互評価の仕組みを導入し、各取引の評価結果を利用者全員にオープンにする

また、②の購入に伴うリスク低減の仕組みとして有効で、プラットフォームの成長に特に貢献したのが**「オンライン決済（キャッシュレス）」の普及**です。

オンライン決済が普及する前は、個人が遠隔のお店で何か商品を買った場合、発送前後に銀行振込か、コンビニ支払い、配送時の代引などで支払う方法が一般的でした。しかし銀行振込やコンビニ支払いだと、わざわざ外出してお金を支払わなければならず、加えて商品を受け取るまでにタイムラグが生じます。配送時の代引を利用したとしても、配達時に現金を準備するなどの手間がかかります。

しかし**オンライン決済なら、オンラインプラットフォーム上で地域や国境をも超えて、安全にクレジットカードでの決済や送金を行うことができます。**

そのような仕組みが整い、利用者がそのシステムを安全に使用できるようにすることで、オンラインでの取引が爆発的に増えるようになりました。

国内市場だけを見ても、2005年には約3・4兆円であったeコマース市場の規模は、2016年には15兆円を超えるまでに成長しています。

また経済産業省の通商白書2018によると、2016年の世界のeコマース市場規模は約2・4兆ドルですが、今後も年平均14・9%の成長率で拡大し、2026年には約9・7兆ドルまで拡大すると考えられています。

時間と場所の制約を解放したスマートフォンと移動通信インフラ

オンラインプラットフォームとともに、社会的共用としてのシェアを支えるインフラとなっているのが、**スマートフォン**と、**スマートフォンを支える移動通信インフラの整備**です。

携帯電話が普及し始めたのは、１９９０年代後半からです。初期の携帯電話は、文字通り、外出先に携帯して電話を受発信する機能しか備わっていませんでした。

この状況を変えたのが、１９９９年にＮＴＴドコモが発表した**ｉモード**です。

ｉモードは、これまで通話しかできなかった携帯電話にショートメールや情報発信の機能をつけることで、非同期的なコミュニケーション（送信側が受信側の状態を気にせずにメッセージなどを送ることができる）を可能にした、画期的なサービスでした。

そしてその8年後の２００７年に登場したのが、**iPhone**です。

スマートフォン時代の幕開けを飾ったiphoneは、コミュニケーションツールとしての幅を大きく拡張しました。

iPhoneが場所を問わずにインターネットを利用できる機能をつけたことで、私たちはいつでもどこでも情報を得ることが可能になりました。

さらに翌年の２００８年には、スマートフォンアプリを提供するAppStoreが開設されました。多様なアプリの登場により、私たちの生活がより便利に、豊かになっているのはご存知の通りで、テクストだけでなく地図情報や写真、動画、リアルタイム通話までが可能になりました。

また、タッチスクリーンによる直感的な操作を基本としたことも、全世界のユーザーに瞬く間に浸透した大きな要因のひとつといえます。

そしてスマートフォンの普及を裏方として支えているのが、**大容量の移動通信インフラの整備**です。

たとえば「3G」という言葉を聞かれたことがあると思います。

日本では2001年に商用が開始された3Gの正式名称は「第3世代移動通信システム」で、ITU（国際電気通信連合）が定めた標準に準拠した移動通信方式となっています。「アナログ、デジタルに次ぐ3世代目」というのが名前の由来であり、従来からの通話機能に加え、高速データ通信に基づくインターネット利用やテレビ電話といった、高度なサービスの提供を可能にしました。

さらに2012年には、第4世代である4Gの商用が開始されます。

「3G」の通信速度が数Mbps（メガビットパーセカンド。データ通信速度を表す単位）〜

14Mbps程度なのに対して、「4G」は75～100Mbpsの圧倒的な速さを誇ります。

これにより写真や動画など、データ量が大きくても楽にやり取りができるようになりました。

ちなみに現在のスマートフォン1台の演算能力（システムの性能）は、月面着陸に成功したアポロ11号の演算能力を上回っているといわれています。


今やスマートフォン1台あれば、メールのやり取りを行ったり、情報を調べたり、撮った写真や動画をInstagramやYouTube（ユーチューブ）に上げたりなど、何でもできることが当たり前のようになっています。スマートフォンがない生活を想像することは、もはや難しいのではないでしょうか。

しかし、そのような状況が可能になったのは4Gが一般化してからであり、また、スマートフォンの登場からまだ10年程度しか経っていないことを考えると、大きな驚きであるといえます。


ちなみにAirbnbが創業されたのはiPhoneが誕生した翌年の2008年です。

シェアサービスが始まった時期と、スマートフォンと大容量移動通信インフラの誕生、普及が重なったことは決して偶然ではありません。**誰もがどこでも簡単な操作で、情報を取得、発信できるようになったことが、シェアサービスへの個人の参画に大きく貢献**したのです。

利用者を情報洪水から救う検索機能とＡＩ技術

スマートフォンと大容量・高速データ通信は、膨大な量の情報アップロードを可能にしました。その結果、誰もが気軽にブログを書き、写真や動画をアップロードする「発信者」になれるようになりました。

たとえばYouTubeには現在、１分ごとに１００時間分の動画がアップロードされ、Instagramには２０１６年時点で毎日８０００万枚の写真が投稿されているといわれています。

一方でこの手軽さは、情報の洪水を生み出し、その結果、適切な人に適切な情報を届けることがとても難しくなっています。

そこで、**情報を発信する人とその情報を求める人の適切なマッチングを実現する、高度な検索の仕組み**が重要になってきます。

このマッチング検索の仕組みをつくりだしている最も有名な企業のひとつが、1998年に創業されたGoogle（グーグル）です。

Googleの創業時のミッションステートメントは、「世界中の情報を整理し、世界中の人々がアクセスできて使えるようにすること」です。

Googleの登場により、私たちは膨大な情報からある特定のキーワードで情報を検索できるようになりました。ちなみに2018年時点の日本におけるモバイル分野でのGoogleの検索エンジンシェア率は99％です。

しかし、検索エンジンで表示される情報量を絞ったとしても、その量は、人が処理する情報量としては、依然として過多です。

そこで、検索者が求めている情報にたどりやすくなるように情報を表示するためのアルゴリズムが必要となります。

このアルゴリズムを支える機能として、Googleが活用しているのがＡＩです。

Googleは、２０１５年からRankBrain（ランクブレイン）と呼ばれるＡＩを導入した検索アルゴリズムを利用しはじめました。ＡＩの採用に先立つ２０１４年、Googleの創業者であるラリー・ペイジはインタビューで次のように答えています。

「かなり昔、私達が定めたミッションは、『世界中の情報を整理し、世界中の人々がアクセスできて使えるようにすること』でしたが、現在でもミッションについて良く聞かれることがあります。今Googleがやっていることもミッション通りなのかと。私もよくそれを自問しますが、自分でもわかりません。（中略）検索エンジンは、なぜ完成していないんでしょう？　その理由の大半は、コンピューターがダメだからです。コンピューターは、ユーザーがどこにいるか、何をしているか、何を知っているかわかっていません。私達が最近取り組んでいることは、デバイスを使えるものにして、ユーザーのコンテクストを理解させることです。」（参照：U-NOTE「Google創業者ラリー・ペイジが語る、Googleが目指す未来とイノヴェイションの秘訣」）

現在の検索の機能はＡＩを活用することでどんどん進化しています。

過去の検索傾向を自己学習する機能を持っているので、曖昧な言葉で検索しても、求める検索結果を出すことができます。

こうした**検索機能が情報洪水の中でも提供者と利用者を適切につなぎ、シェアサービスのマッチングを可能にした**のです。

「オンラインプラットフォームとオンライン決済」「スマートフォンと大容量通信インフラ」「検索機能とＡＩ」という3つの要素が揃ったことで、個人と企業間の双方向のシェアを可能とするデジタル基盤が整備されました。

そして、このデジタル基盤のうえにつくられたのが、社会的共用としてのシェアを行うための**オンラインプラットフォーム**なのです。

しかしオンラインプラットフォームができたからといって、すぐに共用サービスが浸透していったわけではありません。

社会的共用としてのシェアサービスが成功し、利用者を広く獲得していくためには、利用者同士がたとえ見知らぬ個人間でも、安心・安全に取引を成立させる仕組みづくりが必要となります。

次項では、この「信頼のデザイン」について、見ていきたいと思います。

新しいシェアを支えるもの②
～安心・安全の仕組み

社会的共用としてのシェアを支えるもうひとつの大きな要素は、**見知らぬ個人間の取引を安心・安全に行い、広げていくための制度設計とデザイン**です。

具体的には、**個人で共用（＝共同利用）をする際に、既存の権利関係を侵害しないためのルールをつくること**です。

不動産を例にすると、次のようになります。

オーナーが所有している不動産を月単位（マンスリー）や年単位（賃貸）で貸し出す際、さまざまな法律やルールが定められており、その法律やルールに従うことで安心で安全な取引が可能になります。

しかし見知らぬ個人間、すなわちＣ２Ｃ（一般消費者間の商取引）で、所有権や賃借権などに触れずに金銭的なやり取りを行い、資産の共用を継続的、かつ反復的に認めるためのルールはありませんでした。

そこで、社会的共用を可能にするルールついて新たに定義する必要が出てきました。

アクセス権という考え方

社会的共用のシェアサービスがここまで広がることができた背景には、テクノロジーの進化に合わせて、見知らぬ個人間の取引を可能にする信頼のルールが新たにデザインされたということも大きな要素としてあります。

そこでこの章の最後に、**共用を支えるアクセス権**と、**アクセス権に基づくプラットフォームのデザイン（信頼のデザイン）**についてご紹介したいと思います。

アクセス権とは、自分の資産の利用を、複数の人に認める仕組みです。

アクセス権という言葉は、もともと「マスメディアに対して個人が意見発表の場を提供することを求める権利」という表現の自由にかかわる概念として使われてきました。

やがてＩＴ活用が浸透してくると、「システムへのアクセス権限」というように、「システム上の特定の資源を利用する権限」の意味で使われるようになります。

システムへのアクセス権限（誰がどの資源にアクセスできるか）は、アドミニストレーター（管理者）と呼ばれる管理権限を持っている人によって制御されます。

アクセス権の制御によって適切な情報の共有とシステムの秩序が保たれ、不正なアクセスからシステムを守っているのです。

このアクセス権という考え方を援用することで、社会的共用としてのシェアサービスが、新たな価値を世の中に提供することができるようになります。

その初期の例としてあげたいのが、グリッドコンピューティングを活用した取り組みです。

グリッドコンピューティングは、複数のコンピューターをつなげ、ネットワーク上に高性能な仮想コンピュータをつくりだす技術を指します。

一時期、「スマートグリッド」という言葉が流行りましたが、グリッドという言葉は、もともと電力網を意味しています。

これは電力網を介して、電力事業者と家庭をつなぎ、電力事業者が家庭に電力を供給するだけでなく、自宅のソーラーパネルで発電した電力を電力事業者に売却できるようにする仕組みを意味しています。

グリッドコンピューティングはコンピューターの処理能力をシェアするためスマートグリッドのような仕組みを構築します。

持ち主がPCを使用していない待機状態のとき、使われていないCPU（コンピューターの脳ともたとえられる中央処理装置）を別の目的で利用することを許諾してもらいます。他人の余剰CPUを使うことで、本来、スーパーコンピューターなどでしかできない大規模な計算処理を、市販のPCの並列処理で行うことができるのです。

グリッドコンピューティングで有名なのが、IBMなどが支援しているWorld Community Grid（ワールドコミュニティーグリッド。以下、WCG）です。WCGでは、待機状態にあるPCの演算リソースを活用することで、小児がん治療薬の探索などの非営利的なプロジェクトを行っています。

社会的共用としてのシェアは、グリッドコンピューティングと同様の考え方がベースになっています。

すなわち、余剰となっているオンライン／オフラインの価値に対して、一定期間・一定範囲のアクセス権を認める仕組みをつくることで新たな社会的価値を生み出します。さらに社会的共用としてのシェアでは、ＷＣＧのような非営利目的だけでなく、金銭（価値）を得るという仕組みも備えられているのです。

このアクセス権という考え方は簡単なようで、意外に深い意味を持ちます。アクセス権に基づく個人同士の取引では、お互いがいかに相手を信用し、安全にサービスを利用できるかということが重要となります。

たとえば住居を貸し出したとき、住居のオーナー（ホスト）は何か大切なものを盗まれたり荒らされたりすることはないかを心配します。

一方、宿泊者は宿泊場所が本当に写真通りか、ホストは親切な人かといったことを心配します。

ではこれらの心配を払拭してサービスを成立させるためには、どのような方法があるのでしょうか。

一案としては、政府や自治体が法律・制度を新しく設けて市場を整備することがあげられます。従来の考え方である所有権や賃借権、著作権や商標権では想定されていなかった、アクセス権を可能にするルールの整備がこれに当たります。


ホームシェアを例にとって具体的に考えてみます。

これまでは旅館業法上の登録がされた事業者だけが宿泊のサービスを提供していました。

一方、自宅や別荘、マンションの一室を旅行者に短期で貸したいというニーズが旅行市場の変化とともに生まれましたが、もともとそのようなニーズに対応する法律はありませんでした。その結果、日本では2018年6月に住宅宿泊事業法という新しい法律がつくられました。

しかし法律が整備されれば十分かというと、そうではありません。社会的共用の特徴は、サービスが簡単に国や地域を超えて広がっていく点にあるので、**国や地域に限定された法律ではなく、サービス自体に安心と安全を内包していることが必要**になります。

これが社会的共用としてのシェアサービスにおける「信頼」のデザインの構築です。

信頼のデザインの構築

社会的共用では、コミュニティに属する見知らぬ個人間でシェア取引を行います。これは、経済学でいうところの「情報の非対称性」の可能性を高めます。

情報の非対称性とは、「売り手」と「買い手」の間で、「売り手」のみが専門知識と情報を有し、「買い手」はそれを知らない状態のときに、公正な取引が成立しないリスクがあることを指します。

情報の非対称性の例として、中古自動車市場がよくあげられます。

中古自動車を買おうとしたとき、素人にはエンジンの状態の良し悪しや、事故歴、修理歴の有無がなかなかわかりません。すると、買い手は品質の悪い自動車を売り手から押しつけられる可能性が高くなります。

では情報の非対称性がなるべく起きないようにするためにはどうすればよいのでしょうか。

そのひとつの方法は、**買い手同士が「情報交換のネットワークをつくる」**というものです。

たとえば、売り手が街中にある八百屋だとします。

その八百屋で買い物をする近所の住人(買い手)たちが、「ここの八百屋の野菜は鮮度がいいね!」などとお互いに情報交換をすれば、売り手の評判を確認し合うことができます。

さらに、近所の住人同士のような顔の見える相手とのコミュニケーションだと、口コミへの信頼も厚くなります。

そうやって買い手は、売り手に関する信頼性のある情報を収集できるようになります。


このように、いい噂も悪い噂もすぐに「正しく」広がる状況下では、売り手(八百屋)は中長期的な信頼を確保するために品質のいい商品を提供していこうとします。

これが、情報の非対称性が低く、買い手も安心、安全に取引ができる状態です。

非対称的な情報の下では、このように、多数の利用者が信頼し合って商取引が行える市場を構築して、「信頼」のサービスをデザインする必要があります。社会的共用サービスでは、売り手と買い手の双方が信頼を図りづらい個人同士であることがほとんどだからです。

では、社会的共用サービスを提供しているプラットフォームがどのような形で信頼のデザインを実現しているか、Airbnbを例にとってご紹介します。

Airbnbでは、「ホスト／ゲスト」が抱える「自分の家を貸す／他人の家に泊まる」という抵抗感を和らげ、見知らぬ個人間の取引を安全なものにすることに成功しています。具体的には次のような仕組みを活用しています。

①ID認証

Airbnbのユーザーアカウントを登録する際は、外部の個人情報（Facebookのプロフィール、電話番号、メールアドレス、政府発行の身分証明書など）の提供を求め、本人確認を実施しています。

②オンライン決済

宿泊予約に関するホストとゲストのお金のやり取りは、すべてオンライン上で行われます。

まずゲストは、サイトにクレジットカードを登録します。予約が成立して、ゲストがリスティング（宿泊物件）にチェックインするとゲストのクレジットカードから、24時間以内にホストの指定口座へ宿泊費が振り込まれます。宿泊日数が増えたり、宿泊がキャンセルされたりした場合の返金もすべてオンラインで行われるので、ホスト／ゲストは、現地でのお金のやりとりに気を煩わせることなく滞在を楽しめます。

③24時間対応のカスタマーセンター

ホスト／ゲスト間で連絡がとれなかったり、やりとりに問題が生じたとき、あるいは宿泊前後で何らかの問題が発生したときには、24時間対応のカスタマーセンターがサポートに入ります。

④予約リクエスト

Airbnbでは、家を借りるゲストと家を貸すホストの関係は対等です。

大切な個人スペースをシェアするホスト、そしてそれを借りるゲスト、この両者がいることでサービスが成り立つからです。

このお互いの立場を尊重する理念を象徴している仕組みが、「予約リクエスト」です。これはゲストがホストに予約リクエストを送り、ホストがリクエストを承認して初めて予約が成立するという仕組みです。これにより、ホストとゲストがお互いの意思を尊重する形でシェアを行うことができます。

⑤相互レビュー

ゲストとホストの関係の対等性を象徴するもうひとつの仕組みが、「滞在後のレビュー」です。一般的な旅行サイトで宿泊の予約をした場合、レビューを行うのは宿泊したお客様だけで、宿主がお客様の評価を行うことはありません。

しかし、Airbnbではゲストとホストの立場は対等であり、宿泊先を提供したホストも宿泊したゲストのレビューを行うことができます。

ゲストが部屋の良し悪しや、チェックインなどの現地手続き、ホストの親切度などを評価する一方で、ホストは宿泊したゲストのマナーやコミュニケーションのスムーズさについて評価します。

またAirbnbでは、ホストとゲストのレビューは同時公開を原則とすることで、相手のレビューに影響されたコメント(低い評価を受けたことに対する報復的な評価など)を回避できる仕組みを導入しています。これは、ホスト／ゲストの公平な評価を提供できるだけではなく、ホスト／ゲストが信頼ある行動をとるように促す効果としても機能しています。

⑥日本ホスト保険

ゲストがリスティング滞在中にホストの所有物・管理する財物、リスティング自体を破損した場合、また、ホストがリスティングにかかわる財物破損・人身傷害で他人に賠償請求された場合、「日本ホスト保険」で最高1億円までの賠償責任を補償する仕組みを提供しています。

これらの安心・安全を担保する信頼のデザインにより、Airbnbは、わずか約10年で191カ国にサービスを拡大し、累計5億人以上にも及ぶ利用者の滞在を実現することができたのです。

第2章

シェアの可能性を知る

新しいシェアを定義する

第1章では従来型のシェアと異なる新しいシェア（社会的共用）の概要と、同サービスが立脚している2つの大きな要素、「デジタルトランスフォーメーションによるテクノロジーの進化」と、「ボーダーレスな安心・安全を担保するための信頼のデザイン」について説明してきました。

第2章では、シェアサービスがどのような分野で、どのようなプレイヤーにより提供されているかについて、分野別に紹介していきます。

まずは前提として、本書での社会的共用のプレイヤーの定義を整理しておきたいと思います。

シェアリングエコノミーの市場をどのような範囲で定義するかについては、さまざまな考え方があります。

たとえば日本のシェアリングエコノミーの関連事業者が数多く所属する「一般社団法人シェアリングエコノミー協会」では、

①モノのシェア
②空間のシェア
③移動のシェア
④スキルのシェア
⑤お金のシェア

という、5つの分野でシェアリングエコノミーを定義しています。

一方、大手コンサルティングファームのPwC（プライスウォーターハウスクーパース）では、シェアリングエコノミーを、

①ホスピタリティおよび飲食
②自動車および輸送
③小売および消費財
④メディアおよびエンタテインメント

という、4つの分野に区分しています。

本書では社会的共用をベースとしたシェアサービスを、次の3つの要素を満たすサービスとして定義したいと思います。

①ある人が所有している有形・無形の資産にアクセス権が設定されている
②アクセス権に基づき、余剰を共用するためのマッチングが行われる
③マッチングはオンラインプラットフォームを活用してボーダレスに行われる

このように定義したとき、日本ではシェアリングエコノミーの筆頭格として認知されているメルカリは、社会的共用サービスと定義づけられるでしょうか。

メルカリでは、不要になったブランド品や家電などが取引されています。

売り手が「使わなくなった」「新しいものに買い替えたい」などの理由で余剰となっている不要品を、買い手が「ほしい！」と思うことでニーズが生まれ、マッチングが成立します。この観点から見ると、社会的共用のサービスと定義づけていいようにも思えます。

しかし、メルカリの取引では、所有権そのものを移転させます。そのため、従来型の商取引に近いサービスであると考えられます。

所有権を他者に移すことが原則となっている限り、アクセス権を付与して複数の人での共用を可能にしたサービスではないと位置づけることが正しいと考えます。

またクラウドファンディング（何かの目的のためにインターネット上で不特定多数に支援を呼びかけ、その目的の賛同者からお金を集める仕組み）は、シェアリングエコノミー協会ではお金のシェアと分類されています。しかし、お金の集め方が株式市場のような従来の形ではなく、プラットフォームを活用した新たな仕組みに変わったものだと考えると、本書の社会的共用サービスの定義からは外れます。

一方、音楽や映像のストリーミングサービスは、本書の社会的共用サービスの定義に当てはまります。

まず、著作権などの知的財産権を担保しつつ、データをシェアする仕組みがあります。さらにデータへのアクセス権を月額利用料という形でサービス化することで、一つひとつの楽曲の所有権や権利を移転させることなく、第三者にその価値を提供しています。

以上の考え方に基づき、本書では、社会的共用の対象サービスを、

- **無形資産（音楽・映像などのコンテンツのシェア）**
- **有形資産（不動産や移動手段などのリソースのシェア）**
- **人（個人の能力・経験に基づくスキルのシェア）**

の3つに分類して整理したいと思います。

それでは次項から、それぞれの分野での特徴的なプレイヤーについて紹介していきます。

なお本書では社会的共用サービスを提供している個々の企業について細かな情報を語ることは控えたいと思います。

代わりに、同様のサービスを提供する企業の共通要素を抽出し、分析していくことで、その特徴を明らかにしていくアプローチで解説をしていきます。

新しいシェアの種類①
～音楽・映像のシェア

コンテンツシェアの起源

社会的共用の中で、最初に市場ができたのは、**音楽や映像などのコンテンツをシェアするサービス**です。まずは、これらのサービスができた歴史を紐解いていきます。

音楽や映像などを自宅で楽しむ機器として最初に登場したのは、カセットレコード、CD、VHS、DVDなどの物理的な記憶媒体と、記憶媒体からデータを読み取り、音や映像に転換するプレイヤーです。

記憶媒体の時代は長く続き、その間にレンタルサービスなどの事業も発展したのは先述の通りです。

しかし21世紀の初頭に、音楽や映像の楽しみ方を大きく変える第2世代の仕組みが登場、世の中に浸透することになります。

それが2001年に登場したApple（アップル）のiTunesとiPodです。

iTunesは、コンテンツのデータを提供するサービスです。データの提供には著作権の保護や違法コピーの予防など、さまざまなハードルがあります。iTunesはこれらの問題を解消しつつ、コンテンツをiPodにダウンロードさせることで、さまざまな楽曲をコンパクトな機器で携帯し、追加や変更も自由にできるようになりました。

そして現在、音楽・映像分野のコンテンツ利用は第3世代目、すなわちネットワークを通じた定額利用の時代を迎えることになります。

これにより、音楽・映像をめぐるサービスのあり方が大きく変わろうとしています。

Amazonによる音楽・映像配信

それでは音楽や映像配信の共用を可能にした代表的なサービサーについて説明していきます。

最初に取り上げるのは、みなさんにとっても馴染みの深いAmazonの「プライムミュージック」と「プライムビデオ」のサービスです。

Amazonのオンラインストリーミングやビデオ・オン・デマンドは、Amazon.comが提供する有料会員制プログラムのサービスとして開始されました。

これらのサービスの大きな特徴は、**サブスクリプション方式の課金制度が取られているということです。**毎月決まった金額を支払えば、膨大な量の音楽、映画を無制限に楽しむことができるのです。

iPodが登場したとき、Appleは**「iPodがあれば1000曲がポケットの中に入る」**と宣伝していました。一方、Amazonのプライムミュージックでは**100万曲以上**を楽しむことができます。さらにMusic Unlimitedで、別途会費を支払えば、

4000万曲以上が聴き放題になるのです。

プライムミュージックが始まったのは2014年で、Amazonプライム会員はアメリカだけで1億人を突破（2018年現在）しています。年会費は119ドル（約1万2500円）なので、アメリカでの会費収入だけで1・3兆円の収益があることになります。

Spotify，Appleによる音楽の配信

続けて、Amazonと同様のサービスを提供している企業をいくつかご紹介します。

まず音楽の分野で紹介したいサービスプレイヤーはSpotify（スポティファイ）です。

Spotifyは2006年にスウェーデンのストックホルムで創業された音楽配信サービスです。当時のスウェーデン音楽業界では、海賊版や違法音楽データの横行があり、その問題を解決してアーティストに十分な利益を還元することが課題となっていました。

同社は創業から1年半で800万人を超える会員を獲得し、2011年からアメリカ、2016年からは日本に進出しています。現在、65の国と地域でサービスを提供

し、会員数は1億7000万人、うち有料会員数が7500万人となっています。

この他にも、音楽の分野ではApple Musicなどが参入してしのぎを削っています。Apple Musicは2015年に音楽配信サービスを開始し、iTunesで配信されている楽曲の大半を定額で聞くことができるようにしています。アメリカにおけるApple Musicの有料会員数は2800万人（2019年現在）で、Spotifyの有料会員数の2600万人を超えています。

Netflix、Huluによる映像配信

次に映像の分野で紹介したいのがNetflix（ネットフリックス）とHulu（フールー）です。

1997年に創業したNetflixは、もともとウェブサイトを活用したDVDレンタルサービスの会社として立ち上がりました。

同社は月額15ドルで本数制限なし、延滞料金、送料・手数料無料という定額制のレンタルサービスである「マーキー・プログラム」を開始。2005年までに会員数420万人、毎日100万枚がレンタルされるサービスにまで成長しました。

その後同社は、２００７年よりＤＶＤレンタルからオンデマンドのストリーミング配信サービスへとビジネスモデルを転換。ビデオ・オン・デマンドサービスの雄としての成長を遂げていきます。同社の有料会員数は１億４８９０万人、売上は45億ドル（約４７２５億円）にまで伸び、事業の黒字化を達成（２０１９年現在）しています。

AmazonやNetflixは、もともと音楽・映像関連事業者ではない企業がコンテンツの販売サービスを行う形で事業が始まっています。

一方Huluは、もともと映像コンテンツを製作・配信していたテレビ局や映画会社のＮＢＣユニバーサルとニューズ・コーポレーション（現・ウォルト・ディズニー・カンパニー）によって設立されました。

なお日本のHuluは日本テレビの傘下にあり、２０１８年には四半期で黒字化しています。

ビデオ・オン・デマンドサービスとしてはこの他にもApple TV+やDisney+などさまざまな動画配信サービスが立ち上がっており、群雄割拠の状況となっています。

音楽・映像コンテンツの共用の特徴

コンテンツの社会的共用サービスは、著作権を有するデータの価値の概念を大きく変えました。

音楽や映像がCDやDVDなどの記憶媒体の形式で提供されていた時代、CDアルバムは「1枚○円」といった形で、1作品、1ハードディスクごとに値づけがされていました。またレンタルされるときも「1日○円」「1週間○円」という形で、レンタル期間に応じて値づけがされていました。

第2フェーズのコンテンツがダウンロードされる時代も状況に変わりはありませんでした。課金は、アルバム、あるいは楽曲単位で行われ、個人で購入した楽曲以外は楽しむことができませんでした。

しかし、Amazon, Apple, Spotify, Netflix, Huluなどの音楽や映像配信サービスは、オ

ンライン上でのデータ配信を月単位の定額制という形に置き換えました。

これにより、顧客は一定金額を支払えば、膨大なコンテンツに制限なくアクセスできるようになりました。

日本でのAmazon Primeの年会費は、3900円です(2019年現在)。CD2~3枚分の金額で、1年間という限定はあるものの、100万曲以上の楽曲にアクセスができるようになったのです。

しかしこれは、見方を変えると、**一つひとつのコンテンツの価格が限りなくゼロに近づいている**といえます。

その結果、コンテンツ共用サービスの事業者は、**コンテンツの「総体としての魅力」で顧客から定額のお金を獲得し、コンテンツを製作したアーティスト間で収益を公平にシェアする仕組み**をつくることを目指すことになります。

また、提供されるコンテンツの価値は、CDやDVDが何枚売れたかではなく、実際に何回「再生」されたか、つまり、その共用サービスの総利用時間にどれだけ貢献したかによって測られるようになるのです。

このように、**社会的型共用サービスは、サービスのあり方を所有から共用へ変えることで、モノやコンテンツの価値を大きく変えたのです。**

共用によるシェアのもうひとつの特徴は、**共用が容易であるために、競合間の差別化が難しい**という点です。

プロのアーティストによるコンテンツは膨大であるとはいえ、実際に視聴される（＝同サービスの利用時間に貢献する）人気コンテンツは限定的です。また先述したように、アーティスト側はコンテンツの再生時間を稼がないと売上につながらないため、複数の事業者に同じコンテンツを提供することでインセンティブが生まれます。そうするとサービス事業側も、既存の人気コンテンツを配信するだけでは差別化ができないため、音楽配信サービスでは音楽のリミックス（オリジナル楽曲のアレンジ）や過去の視聴履歴に基づく新しい音楽のレコメンド機能を充実させることで差別化を図っています。また、映像配信サービスでは膨大な資金を投じて独自コンテンツを自社制作することで利用者の囲い込みにかかっています。

その結果、**音楽・映像配信サービスは、インターネットに戦場を移したテレビやラ**

ジオなどに近い存在へと変わりつつあるように思います。

そこでは独自コンテンツの制作の良し悪しや既存コンテンツのキュレーションの巧《たく》みさが価値を生み出すようになっているのです。

YouTube, TikTok, Instagramによるプロとアマを超えたシェア

プロアーティストのコンテンツを共用するサービスと並行して現れたのが、**一般人が自らのコンテンツをシェアすることができるプラットフォーム**です。

これらのプラットフォームは、プロのコンテンツだけでは差別化が難しい部分を一般人の多種多様なコンテンツ投稿も加えて補完している点に大きな特徴があります。

こうしたプラットフォームの広がりが早かった要因のひとつは、Facebook（フェイスブック）やTwitter（ツイッター）などのSNSの浸透です。

SNSは、個人の日常やちょっとした気持ち、意見、情報などのプライベートなコンテンツを共用するプラットホームとして有効に機能し、多くのユーザーを獲得して

います。

このようなサービスが可能になった背景には、**コンテンツシェアの基本コストの低減が大きく影響**しています。

コンテンツが記憶媒体で提供されていた時代、素人が何らかの作品を発表するためには多大なコストが必要でした。

しかし、情報発信のプラットフォームが整備され、スマートフォンやデジタルビデオが普及し、動画や画像を簡単に加工・編集できる安価なアプリやシステムが普及した結果、**文章、音楽、映像などのコンテンツ制作に関わる発信コストは大幅に低下**したのです。その結果、素人が気軽に情報発信できる土壌が生まれました。

そしてFacebookやTwitterが備えている個人情報発信の機能をアップデートして、さらに一歩進んだ自己表現や検索機能を組み込んだのが、ここで取り上げるYouTube、TikTok（ティックトック）、InstagramといったＳＮＳです。

アマチュアの動画配信サービスの筆頭にあげられるのが、YouTubeです。

YouTubeは、２００５年に創業された個人の動画配信サービスで、お笑いからハウツー、教育からゲーム実況、そしてミュージックビデオまでさまざまなコンテンツを視聴することができます。

創業からわずか1年後、YouTubeは約2000億円でGoogleに買収されましたが、そのときの売上高は約1500万ドル（約15億7500万円）でした。しかしその後、事業はどんどん拡大し、2014年には年間売上が40億ドル（約4200億円）となるまでに成長しています。

現在、YouTubeには1分当たり100時間の動画が投稿されているといわれています。また日本では、2017年時点で国内ネット人口の約8割がYouTubeを視聴したことがあるといわれ、月間利用者数は6200万人にも上っています。

YouTubeの大きな特徴は、**一般の人でもコンテンツの提供側になれる**ということです。

これまでの音楽・映像配信サービスは、プロのアーティストはコンテンツの提供側で一般人はコンテンツの消費側と、役割が固定されていました。しかし今は、**アマチュアが提供側にも消費者側にもなることができ、シェアされると同時にシェアする立場となった**のです。

さらには一般人でも他のユーザーに影響を与えるインフルエンサーになることも可

能になったのです。

ただYouTubeは、プロのアーティストが楽曲のPVや、公式映像のコンテンツを提供する自身のプロモーションの場としても活用されています。このようにプロも仕事として参入しているため、一般人がユーチューバーとして多くのフォロワーを増やすためには、きちんとした企画・編集能力と映像機材を揃える必要があります。YouTubeで継続的に注目されるためには相当の才能と努力が必要となってきており、いわば**アマチュア（一般人）のプロ化の現象が進んでいる**のです。

プロフェッショナルな投稿がなかなか難しいユーザー向けには、TikTokに代表されるような、より手軽に動画を配信することができるサービスが人気を集めています。TikTokは中国のＩＴ企業ByteDance社が２０１６年にサービスを開始した動画投稿アプリです。

同サービスの特徴は、「決まった音楽に合わせて、決まった振り付けを15秒間踊る」という枠組みがあらかじめセットされていて、動画投稿を可能な限り簡素化したところにあります。

これにより、**プロフェッショナルな企画・編集能力や映像機材がなくても、気軽に簡単にコンテンツを投稿できるようになった**のです。

またTikTokはユーザー個々人の嗜好に合わせて細かいマッチングをして動画を提供しています。その結果、日本ユーザーの1日当たりの平均視聴時間は42分で、160〜180分の動画が見られています（TikTokユーザー白書より）。

TikTokの企業価値は創業からわずか2年で750億ドル（約7兆8750億円）と試算されています。一方、アメリカやインドでは、不適切なコンテンツを含んでいるとして利用への懸念が示されるなど、今後のサービス展開が注目されるところです。

画像投稿アプリではInstagramが人気を集めています。

2010年10月に開始された同サービスは、約2カ月で100万人の登録ユーザーを獲得。さらに1年後の2011年9月には1000万人にまでユーザー拡大しました。そして2018年現在、全世界での月間アクティブアカウント数は10億を超えるまでになっています。

2012年4月にはFacebookがInstagramを10億ドル（約1050億円）で買収しました

が、2019年にその売上は140億ドル（約1兆4700億円）までに上昇し、Facebookの総売上の20％を占めると予測されています。Instagram単体の評価額は現在11兆円で、買収額の100倍にも達しています。

InstagramもTikTok同様に、その簡便性が人気の一助を担っています。

カメラ性能の向上に伴い、スマートフォンで撮影した写真でも十分にコンテンツが成立するので、ユーザーは気軽にコンテンツを収集することができます。さらに、「ハッシュタグ検索」という新しい情報の検索形態が一般化して、膨大な画像の中から探しているものを簡単に検索できるようにしたこともユーザー数の拡大に貢献しています。

コンテンツの社会的共用サービスは、このようにプロによるコンテンツ提供から始まりましたが、現在はアマチュアによるコンテンツ製作と共用をも可能にして、サービスの提供者と利用者が同一の市場をつくりだしています。

さらには膨大な情報・コンテンツの海を検索しやすくする機能を備えることで、新しいメディア媒体としての機能も備えています。

以上の内容をもとに、コンテンツの社会的共用サービスの特徴について整理すると次のようになります。

①デジタル化により複製・拡散が容易になった音楽・映像などのコンテンツが対象
②定額制の料金体系によるコンテンツ価値の変容（コンテンツ自体の価値↓コンテンツの利用価値）
③アマチュアがコンテンツ共用の利用者だけではなく提供者にもなる
④コンテンツ価値での差別化が困難
⑤膨大なコンテンツから適切な検索やレコメンドをできるかがサービス事業者の差別化のポイント

新しいシェアの種類②
～不動産と移動手段のシェア

続いて紹介するのは有形資産、すなわちリソースの社会的型共用です。

遊休資産（稼働していない資産）となっている住宅や自動車などの有形資産の社会的共用は、シェアリングエコノミーを象徴するサービスとなっています。

サービス提供企業の多くは、時価総額1000億円以上のユニコーン企業であり、さらに、IPO（新規で株式を公開し、不特定多数の人がその株を購入できるようにすること）を行ったり、近々に予定したりしている企業が多く、特に注目が高まっています。

本書ではリソースのシェアのうち、「不動産」と「移動手段」のシェアにフォーカスして説明していきたいと思います。

不動産の社会的共用サービスでは、個人住宅の空き部屋や空き家を旅行者などに提供する**ホームシェア（民泊）のサービス**と、異なる会社の社員同士で仕事場を共用する

シェアオフィスのサービス、そしてその他のスペースシェアサービスについて紹介したいと思います。

HomeAway、途家などによるホームシェア

まずホームシェアのプレイヤーについて、ここではAirbnbと同様のサービスを提供していて、日本でも認知度の高いHomeAway（ホームアウェイ）の仕組みを見ていきましょう。

HomeAwayは、２００５年に創業したバケーションレンタルと呼ばれる、貸別荘を中心とした貸し出しを仲介しているプラットフォームです。

２０１１年にナスダック上場後、２０１５年に約39億ドル（約４０９５億円）でExpedia（エクスペディア）に買収されました。

現在HomeAwayは、世界中で２００万件の物件を掲載し、宿泊予約サービスの大手である親会社のExpediaとの連携によりサービスを拡充しています。なおExpediaは

２０１９年5月にHomeAwayと同社が有しているほかの民泊仲介プラットフォームであるStayzとVrboを統合し、Vrboというブランドでサービスを展開していくことを発表しています。

ホームシェアは中国でも大きな市場となっており、中国発のプラットフォームが、Airbnbなどのグローバルプレイヤーとしのぎを削っています。

その中でも最大手のプラットフォームである途家《トゥージア》は、中国国内３４５都市、海外１０３７都市において65万件以上の物件を掲載（２０１８年2月時点）しています。

ホームシェアの市場には、既存の旅行予約サイトも参入を開始しています。

たとえば海外旅行予約サイトのBooking.com（ブッキングドットコム）、国内では楽天が不動産情報サービスを提供しているLIFULL（ライフル）と提携し、民泊プラットフォーム事業に参入しています。

WeWork、スペースマーケット、エクボクローク、akippaによるオフィスやスペースのシェア

不動産のシェアでもうひとつ注目したいのがオフィスの共用、いわゆるシェアオフィスです。

ここでは、日本にも進出しているWeWorkについてご紹介したいと思います。

WeWorkは、2010年に創業されたコワーキングスペースを提供する企業です。WeWorkのオフィスは世界で300以上、日本でも進出1年目で14拠点の開設が予定され、2019年末までに30拠点まで増やすことを目指しています。

WeWorkのビジネスモデルだけを見ると、従来のレンタルオフィスとあまり変わらないように見えますが、デザインやコンセプトは大きく異なります。

WeWorkのオフィスは、共用スペースが広く取られたデザインになっていて、複数の企業がスペースを共用します。またそこでは、飲食の提供や、コミュニティイベン

トが毎日のように行われるなど、**異業種が交流し、新たなビジネスチャンスの創発を促す試みが多く仕掛けられています。**

その一方で、プライバシーが確保されたスペースや会議室も用意されていて、オフィス利用の自由度がより高くなっています。

WeWorkのもうひとつの特徴は、**短期から契約が可能であること**です。アメリカやイギリスのオフィスビルの賃貸借契約は一般的に10〜15年といわれますが、WeWorkは1カ月から契約が可能です。

これにより、企業は人数の増減に柔軟に対応したオフィススペースの確保ができます。他の会社との交流によるオープンイノベーションの期待と、必要に応じてオフィススペースを拡大・縮小できるというコストの効率性が評判を呼び、WeWorkは急速な勢いで事業を拡大しています。

日本の事業者でも不動産シェアの分野で、特徴的なサービスを提供している会社がいくつかあります。

時間貸しで部屋やスペースを貸し出すプラットフォームとして有名なのは、スペースマーケットです。同社は２０１４年にウェブサイトを公開し、現在、１万件を超える時間貸の物件を掲載しています。

またエクボクローク社は、宿泊場所ではなく、旅行者の荷物の置き場所となるお店や空きスペースを提供しています。

ほかにもakippaは、全国の空いている駐車場スペースをシェアリングするプラットフォームを運営しています。

タイムズカープラスなどによるカーシェア

移動のシェアは、自動車のシェアとその他の移動手段のシェアに分けて見ていきたいと思います。

自動車のシェアサービスには、大きく2種類があります。

ひとつは**カーシェア**と呼ばれる、会員間で特定の自動車をシェアするサービスで、もうひとつは**ライドシェア**と呼ばれるドア・トゥ・ドアのオンデマンド交通サービスです。

２つのサービスのうち、カーシェアは従来型のシェア、つまりレンタカーサービスに近く、ライドシェアは社会的共用サービスのコンセプトに近い形になっています。

カーシェアは、自動車が必要となったときに、「自動車を必要な期間だけ借りられる」という点でレンタカーサービスと似ていますが、異なる点もいくつかあります。

レンタカーは、会員登録などをしていなくても、運転免許証さえあれば必要なときにすぐ自動車を借りることができ、不特定多数の人に貸し出されることが前提です。

一方、**カーシェアは、特定の自動車を特定の会員間で共用するサービスを前提としています。会員以外の人は、共用している自動車を借りることができません。**

世界におけるカーシェアの利用者は２０１５年に約１０００万人でしたが、この数字は２０２１年には３５００万人まで増加すると予測されています。

欧米では完成車メーカー（部品だけではなく自動車１台を完成品として製造しているメーカー）によるカーシェア事業参入が特徴的です。特に注目されているのは２０１８年12月に発表されたダイムラーとＢＭＷグループのモビリティ事業統合に伴う、両者のカーシェア事業（Car2Go, Drive Now）の統合です。

この事業の統合により、世界31の大都市で2万台の車両が運用可能となっています。


カーシェアのサービスは国内でも広がりを見せています。

2002年のオリックスカーシェアを皮切りに、現在、約30ほどの事業者がサービスを提供しています。中でも最大手のサービス事業者となっているのが、コインパーキング事業を展開している「パーク24」のカーシェアサービスです。

同社が提供しているタイムズカープラスでは、約9000カ所のコインパーキングを活用したカーシェアサービスを展開しており、2017年3月末での会員数は約78万人にのぼっています。

Uber、Lyft、滴滴出行などによるライドシェア

一方、**ライドシェアは、自動車の相乗りをマッチングさせるサービス**です。

まずは、米国発のライドシェアサービスの筆頭として名前がよくあがるUber、Lyft

について紹介していきます。

Uberは、2009年に創業したライドシェアの代表的な企業で、2019年5月にニューヨーク証券取引所へ株式公開を行ったことでも話題となりました。

Uberは、これまでの「タクシーがなかなか捕まらない」「初めて行く場所で遠回りをされるなどして料金をごまかされないかが心配」といったユーザーの不安を解消し、ユーザーとドライバーをうまくマッチングさせる仕組みを実現しています。

Uberは現在、63カ国700都市以上でサービスを展開し、2018年の総利用回数は52億回、売上は約113億ドル（1兆1865億円）にも上ります。しかしその一方で、巨額の赤字も毎年計上していて、今後の事業の行方が注目されるところです。

Lyftも、ライドシェアの代表的な企業で、2019年に株式公開を行っています。2012年にサービスを開始した同社は、Uberのような世界展開を目指さず、アメリカを主な市場としています（アメリカ以外では2017年に進出したカナダのみでサービスを提供）。

Lyftの2017年の年間乗車回数は3億7550万回。なお2019年の第一四半期決算での売上高が7億7600万ドル（約814億8000万円）だった一方で、損失は11億4000万ドル（約1197億円）で、こちらも今後のビジネスモデルがどのように構築されていくかが注目されています。

ライドシェアサービスは、中国でも発展を遂げています。

2012年に創業された滴滴出行（DiDi、ディディまたはディディチューシン）は、中国の400都市で4億人以上のユーザーに交通サービスを提供しています。

中国のインターネット巨大企業3社（アリババ、テンセント、百度）のすべてから出資を受けている企業であり、2016年にはUberの中国市場撤退を受けて、その事業を買収しています。

その結果、2016年には1日2000万回の乗車を達成するなど、急速な事業拡大を続けています。

この他にも東南アジアを中心にサービスが広がっているGrab（グラブ）や、インドネシアでシェアを広げているGo-jek（ゴジェック）などがあります。

ここまで紹介したUber、Lyft、DiDiなどは基本的にはある都市内の短距離移動用にタクシーの代替手段として利用されています。

これに対して中長距離移動用のライドシェアとして利用されているのが、ヨーロッパのBlaBlaCar（ブラブラカー）です。

BlaBlaCarはフランスをはじめ、イタリア、ドイツなど欧州のほか、インドやメキシコなど19カ国でライドシェアのサービスを展開し、その会員数は２０００万人に上ります。

BlaBlaCarのサービスを簡単に説明すると、「長距離相乗りの事前予約サービス」です。たとえばパリからベルリンまで移動したいと思ったとき、BlaBlaCarで検索すると、自動車での移動を予定して相乗り相手を探しているドライバーとマッチングしてもらえる仕組みになっています。なお１回の利用での平均移動距離は３３０㎞とかなり長距離です。

長距離ドライブを計画しているドライバーは、道中の話し相手を得ながら、収入もあること、また乗せてもらう人は他の交通手段で移動するよりも安価に移動することができるので、お互いにＷＩＮ－ＷＩＮの状況になります。

ライドシェアの特徴

ライドシェアのサービスは、ホームシェアのサービスと異なり、地域ごとに異なるサービスプレイヤーが登場していることが特徴です。ライドシェアのサービスは、日常的に利用されることが多いため、ネットワークをグローバルに広げなくても**ローカルネットワークで十分な市場を獲得できる**と考えられます。

日本でもUberやDiDiがサービスを開始していますが、これらは海外で行われているサービスとは異なり、主にタクシーの配車アプリとしてサービスが提供されています。

しかし、ライドシェアとタクシーの配車アプリには、3つの大きな違いがあります。まず、ライドシェアは誰でもドライバーとして登録ができるのに対し、タクシー配車アプリは既存のタクシードライバーしか登録ができません。

次にライドシェアはドライバーと乗客の双方向のレビュー評価がなされるのに対し、

タクシー配車アプリは基本的に乗客側のみが評価を行います。

最後にライドシェアは乗車時に行き先までの料金が確定されるので、混雑していたり迂回ルートを走ったりしても料金が追加されないのに対し、タクシー配車アプリは乗車後のメーター換算で料金が決まるため、到着するまで料金がいくらになるかがわかりません。

移動のシェアは自動車以外でも広がっている

次に、その他の移動手段のシェアについて紹介します。

自転車をシェアするサイクルシェアは、ライドシェアに先立ってサービス提供が開始された社会的共用サービスです。

サイクルシェアには、**欧米や日本で主流となっている、指定されたドック（ある一定範囲内にある自転車置き場）で自転車を借り、返却するタイプ**と、**中国で主流となっている、乗り捨て型のタイプ**があります。

ドックを利用するタイプのサイクルシェアは、ドックの設置場所や設置費用がかかるため、サービス規模を拡大させるための投資負担が大きくなります。しかし、設置後の運用は乗り捨てタイプよりも楽になります。

一方、乗り捨てタイプはユーザー側の利便性が高く、導入コストも低いため事業が拡大しやすい反面、乗り捨てられる自転車をどのように運用・メンテナンスしていくかという難しさがあります。

まずは、ドック型のサイクルシェアについて説明します。

フランスでは「ヴェリブ」というパリ市による公共サイクルシェアのサービスが広がっています。

2007年からサービスを開始し、2018年にはサービスをリニューアル。普通の自転車だけでなく電動自転車も借りることができるようになりました。

「ステーション」と呼ばれる専用の駐輪場で自転車を借り、返却する仕組みになっています。

パリ市とその周辺では、ヴェリブのステーションが1700カ所以上設置され、2万3000台の自転車が用意されています。300mごとにステーションがある計算なので、乗降が非常にスムーズです。また、年中無休24時間営業であることも利用者の利便性を高めています。

一方中国では、mobike（モバイク）やｏｆｏ（オフォ）がサイクルシェア事業で台頭しています。

スマートフォンでの簡単な予約と乗り捨て自由の仕組みを整え、２０１６年頃から急速に拡大していきました。

大気汚染が深刻化した中国の都市部において、サイクルシェア事業はクリーンな移動への象徴としてもてはやされましたが、その後、過当競争に陥ります。値下げ合戦により立ち行かなくなる事業者が大量に発生。また、乗り捨て自由としたことで自転車が大量に放置されたり、メンテナンスが間に合わなかったりなどの社会課題にまで発展しました。


サイクルシェア自体は中国市民の足として定着し、ｏｆｏの運用台数は１０００万台を超えるといわれています。しかしｏｆｏもモバイクも、現状では収益化に苦戦しており、モバイクは、中国の出前サービスアプリで知られる美団《メイチュアン》の傘下に入りました。

今後サービスの健全化を実現するために、どのようなビジネスモデルを構築していくかが模索されています。

また現在、電動キックスケーターのシェアも、欧米の都市部で広がりつつあります。Bird（バード）やLime（ライム）といった会社は、電動キックスケーターのシェアサービスを立ち上げ、スマートフォンで自由に予約と乗り捨てができるサービスを提供しています。

両社は、それぞれ約2000億円の企業評価を得ています。しかし電動キックスケーターのシェアサービスも中国のサイクルシェア企業と同様に、キックスケーターの放置やメンテナンス面での課題がすでに指摘されており、今後の市場の動きが注目されるところです。

ライドシェアと他業種の連携

ライドシェアサービスが持つ**輸送機能を他のサービスに活用したり、他の輸送機関ともシームレスにつながったりする取り組みも始まっています。**

たとえば、UberはUber Eatsというフードデリバリーサービスも展開しています。Uber Eatsをひと言で説明すると、「出前サービス」です。出前を行う飲食店と出前を頼んだ家をマッチングするサービスです。

サービスを開始した2015年以降、Uber Eatsは順調に業績を伸ばし、2019年には世界で100億ドル（約1兆500億円）分の食事を宅配する見込みであると、UberのCEOであるダラ・コスロシャヒは述べています。

また日本でのUber Eatsの利用者数は、2016年の9万人から2018年では80万人にまで伸び、2年間で約9倍も増加しています。

インドネシアのGo-jekも食事のデリバリーや荷物の配送、買い物の代行、マッサージ手配のサービスなど幅広いサービスを展開しています。

一方、他の輸送機関とシームレスな連携をサブスクリプションモデルで提供しているのが、Whim（ウィム）というアプリです。

Whimは、フィンランドのMaaS Global社が2017年11月から提供している公共交通機関、タクシー、シティバイク（シェアサイクル）、レンタカーなどの複数のモビリティサービスの予約や決済を提供しているサービスです。

Whimは、月額499ユーロ（約5万9381円。1ユーロ119円で算出）で無制限に利用できるサブスクリプションモデルも提供しており、MaaS（Mobility as a Service＝自家用車以外の交通手段の移動をシームレスにつなぐサービス）の先駆例として今後の展開が注目されています。

リソースの社会的共用サービスの特徴

ここまで、不動産や移動手段のリソースを共用するサービスについて見てきました。これらのサービスは、現在のシェアリングエコノミーの主軸をなすサービスとして位置づけられ、その市場規模はすでに大きく広がっています。

またサービスを提供する企業のほとんどは創業から10年前後しか経っていませんが、各分野のマーケットリーダーはすでに世界中に広がるサービスネットワークを構築し、上場を果たしている企業もあります。

これらのサービスは既存の商慣習や法制度では想定されていなかった方法で商行為

を行っているため、既存事業者との摩擦を生んだり、新たなルールづくりや仕組みが必要となる場合もあります。

しかしそれにもかかわらず、リソースの共用サービスがこれほどのスピードで広範囲に広がった理由は、**不動産や移動手段の共用が**新しいライフスタイルやワークスタイルを可能にしているからだと考えられます。この点については、後ほど詳述します。

また映像や音楽などの無形資産（＝コンテンツ）の共用と、住宅や自動車などの有形資産（＝リソース）の共用には共通点と相違点があります。

共通点としては、コンテンツの共用、リソースの共用の双方ともプロだけでなくアマチュアもサービス提供に参画しているということです。

一方、コンテンツの共用とリソースの共用の相違点は、**住宅や自動車の利用体験は、バーチャル化、オンライン化することができない**ということです。

リソースの共用では、サービスの検索から利用の申し込みまでがオンライン化されて、その後のサービスはオフラインの提供になります。

オフラインでのサービスが提供されるということは、**デジタルコンテンツのように**

「コンテンツの共有」と「リソースの共有」の特徴

コンテンツの共有	リソースの共有
デジタル化により複製・拡散が容易になった音楽・映像などのコンテンツが対象	オフラインの体験が入るため、同時性のある複製・拡散は限定される
定額制の料金体系によるコンテンツ価値の変容（コンテンツ自体の価値→コンテンツの利用価値）	複製・拡散の限定性により、サブスクリプションモデルが構築しづらい
アマチュアがコンテンツ共用の利用者だけではなく提供者にもなる	（コンテンツの共有と同じ）
コンテンツ価値での差別化が困難	（コンテンツの共有と同じ）
膨大なコンテンツから適切な検索やレコメンドをできるかがサービス事業者の差別化のポイント	（コンテンツの共有と同じ）

複数人が同時にサービスを利用できるような無制限の複製と拡散が不可能であることを意味します。

ビデオ・オン・デマンドなどのサービスでは、全く別のところにいる人が同時に同じ番組にアクセスして、それぞれ視聴することが可能です。

しかしオフラインのサービスの場合、同じ時間のリソースへのアクセスには一定の制限があります。

たとえばベッドが4台しか備えられていない部屋には、一度に5人以上が宿泊することはできませんし、1台の車に乗車できる人数も限られています。

その結果、コンテンツの共用サービスの特徴としてあげた、サービスのサブスクリプション化による提供コストの低減効果は、リソースの共用サービスにおいては限定的になります。

ただ、まだサービスとして発展途上ではありますが、リソースの共用においてもサブスクリプションモデルで社会的インパクトを生み出そうという取り組みが始まっています。

先述したWhimは移動手段の共用におけるサブスクリプションモデルを試行しています。また不動産の共用においてもホームシェアの分野で、月額4万円から光熱費込みで全国の物件に住み放題ができるADDress（アドレス）などのサービスが始まっており、今後の動向が注視されています。

新しいシェアの種類③
～個人スキルのシェア

社会的共用サービスの種類として最後にあげたいのが**スキルの共用**です。

まず海外のスキル共用にサービスを提供しているUdemy（ユーデミー）を紹介したいと思います。

Udemyは2010年に開始されたe－ラーニングのプラットフォームを提供するサービスです。現在、10万以上のコースが登録され、2400万人が受講生として学んでいます。

Udemyの特徴は、**個人でも講義資料を準備すれば、講師として情報を発信でき、有料授業を設定して収益を得られる**ことです。

学習内容もビジネスやプログラミング、アートなどと幅広く、アメリカの大学では単位として認められている講座もあります。ちなみに私の知り合いのアメリカ人は、Udemyでピアノの練習を始めたそうです。

日本でも、単純な労働力の提供から専門スキルのシェアまで、幅広いスキルシェアのサービスを提供する事業者がいます。

専門家をマッチングするサイトとして草分け的な存在となっているのが、ストリートアカデミーが運営しているストアカです。

ストアカはUdemyに似たサービスで、ビジネスから趣味の分野まで、幅広い講座が登録されています。

1回の受講料は数千円程度のものが多く、利用しやすい価格が設定されています。ストアカは2012年にサービスを開始し、現在の登録生徒数は32万人、掲載講座数は3万件を超える規模となっています。

一方、もっと高度な人材をマッチングさせているサービスが、ビザスクです。

ビザスクは2013年にサービスを開始。現在、8万人を超える人材がアドバイザーとして登録しています。1時間からの面談もしくは電話でのアドバイスが受けられ、とても手軽にサービスを提供したり利用したりできます。月間案件数は1000件、1件当たりの平均謝礼額は1万5000円で、今後の広がりが注目されるところです。

フリーランス向けのB2Cの**クラウドソーシングサービスもスキル共用サービスの一種**と言えます。クラウドソーシングを行っている日本企業の代表例として、クラウドワークスとランサーズがあります。

クラウドワークスは2011年に創業後、2014年にマザーズ上場。2018年には黒字転換を果たしています。全国にいる279万名以上の会員が、200以上のカテゴリから仕事を選んで活用しています。ホームページやアプリ制作、ライターなど場所や時間を選ばずにできる仕事が提供されています。

ランサーズは、2008年にサービスを開始。277ジャンルの仕事に登録することができ（2018年4月時点）、200万件以上の企業からの依頼実績があり、依頼総額は2000億円を超えています。

このように、スキルの共用サービスが日本で大きく発展している背景には、**高齢化社会に伴う社会保障制度の行き詰まりや、企業の従来型の雇用制度の崩壊と働き方改革が大きく影響**していると考えられます。

限られた労働力を共用することで価値を生み出していくことは、これから日本社会が目指すべき、ひとつの方向性だと私は思います。

スキルの共用サービスの課題

ただ、これらのサービスが順風満帆に事業を拡大しているかというと、必ずしもそうではなく、まだ現在は、**市場形成の過渡期**だと捉えることができます。

たとえばメルカリは、スキルシェアサービスに一度参入したものの、短期間で市場からの撤退を決定しました。

また、クラウドワークスやランサーズなど、B2Cのクラウドソーシングサービスで成功を収めている企業も、C2Cの共用サービスに一度参入したのち、早々に撤退しています。

コンテンツやリソースのように、有形で目に見える価値の共用と異なり、スキルは個人が有している無形の価値です。サービス利用者のニーズやレベル、またサービス提供者のその日のコンディションなどによって、体験価値の「揺らぎ」が生じやすいのもスキルの共用サービスの特徴です。

またスキルの共用が世の中により浸透していくためには、会社との関係においてクリアにすべき部分もあります。

たとえば高度なスキルを有する人材が、そのスキルを現在勤務している会社で身につけたとします。その人が、そのスキルを共用サービスとして提供する場合、会社は「技術の漏洩《ろうえい》」に当たると判断するかもしれません。このように、本業・副業のあり方をどのように考えるかもスキルの共用においては重要な論点となります。

ただここで強調しておきたいことは、**スキルの共用は、コンテンツやリソースの共用に負けず劣らず、大きな可能性を秘めている**ということです。

スキルの共用は、リソースの共用よりもサブスクリプションフィーのモデルに乗せやすいシェア形態です。

たとえば、イタリアンのシェフが、食品メーカーと協業して新しいパスタソースの商品を監修することも広い意味でのスキルの共用だと言えます。このモデルではパス

「コンテンツの共有」「リソースの共有」「スキルの共有」の特徴

コンテンツの共有	リソースの共有	スキルの共有
①デジタル化により複製・拡散が容易になった音楽・映像などのコンテンツが対象	オフラインの体験が入るため、同時性のある複製・拡散は限定される	体験価値の「揺らぎ」が生じやすい、また複製・拡散も限定されやすい
②定額制の料金体系によるコンテンツ価値の変容（コンテンツ自体の価値→コンテンツの利用価値）	複製・拡散の限定性により、サブスクリプションモデルが構築しづらい	コンサルティング的なスキル提供による、サブスクリプションモデルの導入は可能
③アマチュアがコンテンツ共用の利用者だけではなく提供者にもなる	（コンテンツの共有と同じ）	（コンテンツの共有と同じ）
④コンテンツ価値での差別化が困難	（コンテンツの共有と同じ）	（コンテンツの共有と同じ）
⑤膨大なコンテンツから適切な検索やレコメンドをできるかがサービス事業者の差別化のポイント	（コンテンツの共有と同じ）	（コンテンツの共有と同じ）

タソースの売上に応じた継続的なフィーを得られる報酬モデルが可能になります。

スキルの共用は、社会・企業・本人にとって「三方よし」の形で進めることができれば、それは大きな価値を持つようになります。

新しいシェアが実現する新しい経済システム

社会的共用サービスは、単なる世の中の一時的なトレンドではなく、これまでの経済システムや働き方を大きく変える可能性を秘めています。

なぜなら社会的共用サービスは、コミュニティを有するプラットフォームを活用することで個人間の取引に伴うハードルを圧倒的に下げ、コンテンツやリソース、スキルを不特定多数のユーザーに低いコストで提供することを可能にした仕組みだからです。

そこで本章の最後の項目として、社会的共用としてのシェアサービス、そして同サービスが立脚している新しい経済システムである共用経済がどのように社会の仕組みを変えようとしているのかについて、いくつかのポイントに従って述べていきます。

アクセス権の活用による起業リスクの低下

社会的共用は、消費者の取引コストを最小化しただけでなく、**サービス提供者のコストも最小化**することを可能にします。

すなわち所有権ではなくアクセス権を取引価値とすることで、事業を開始・運営するための資本投下コストを低減させ、起業リスクを低下させているのです。

楽天市場のようなECサイトでの個人事業主の起業と比較して、考えてみましょう。

ECサイトの登場で、個人が事業主としてEC取引を行うケースが増えてきました。ECサイトの活用により、店舗を構えることなくモノを売ることができるようになったことは画期的で、事業開始に伴う初期投資を抑えることが可能になりました。

ただ、ECサイト事業は、継続的に商品を仕入れて販売していかないと、収益や利益を得ることはできません。モノを仕入れれば当然ながら、そこには在庫リスクが発生します。また、仕入れ値よりも高い値段でモノを売ることができなければ、赤字となり、事業を継続することはできません。

一方、社会的共用サービスは、モノの所有権を移転するのではなく、自分が余剰としているモノへのアクセス権を提供することを事業とします。

サービスの対象となるコンテンツ・リソース・スキルは、提供したからといってなくなることはないので、多くの人への反復・継続的なサービス提供が可能です。

このような事業の仕組みでは、継続的に仕入れをする必要がなく、自分が使っているものをそのまま貸し出すことで価値を生み出せるのです。

このようにアクセス権を前提とした社会的共用サービスは、**最小限のランニングコストで、継続的なビジネスが可能になる**点に大きな価値があるといえます。

プラットフォームの活用によるマーケティングコストの最小化

社会的共用サービスでは、**商品のマーケティングや流通に関わるコストも低減**することが可能です。

これまでは企業が多大な宣伝広告費をかけることで、一定の認知度や信頼を得て、モノやサービスの売上につながっていました。

しかし社会共用では、**商品・サービスの販売者の評価レビューの仕組みを活用することで、事業者が個人であっても、マーケティングコストをかけずに自社のサービスを周知し、宣伝**をすることができます。

社会的共用サービスでは、個人間の取引の信頼性を担保する手段として、レビュー評価に重点が置かれています。

たとえばホームシェアのサービスでは、ユーザーはサービス提供者の資本力や知名度、ブランドよりも過去の取引実績とその評価を重視します。

レビュー評価の重要性は、食べログのようなレストランの口コミサイトをイメージするとわかりやすいでしょう。

巨大資本のレストランチェーンがどれだけ莫大な広告費をかけて宣伝したとしても、個人経営の洋食屋の口コミがよければ、そのお店のほうが人気を集めます。

また、立地が悪くても口コミがよければ、人が集まる店になります。

サービスのクオリティで高評価を得られれば、コストをかけずに認知度と信頼を得ることができます。

つまり、**レビュー評価は、マーケティングにコストをかけられない個人事業主にとって有利な仕組み**なのです。

知らない誰かの口コミだからこそ、かえって信頼性が担保され、新しい顧客を勝手に呼び込むマーケティングの役割まで果たすのです。

このようにして、これまではテレビや新聞、雑誌で大々的に宣伝しないと得られなかった評判や知名度が、プラットフォームを活用することでコストをかけずに得られるようになったのです。

モノの価値の転換～新規性から体験へ

日本では、戸建住宅の価値は新築時に最も高く評価され、誰かが住んだ途端、中古住宅としてガクンと価値が下がり、その後、経年でどんどん価値が落ちていくというのが一般的です。

そして築30年の建物は、どれだけきれいに使ったとしても、住宅市場における資産価値はゼロとみなされます。

都心のタワーマンションなどは経年で資産価値が上がるケースもありますが、これはどちらかというと、近隣の商業地域の地価が上がっていたり、場所の利便性が高まっていたりなど、建物とは別の視点で評価されているケースが多いように思います。

普段、私たちが当たり前のように思っているこの現実も、よくよく考えるとおかしな点があります。

たとえば歴史ある宿泊施設は、築数十年、場合によっては築100年近くの建物で宿泊サービスを提供しています。

私が住んでいる横浜市の代表的なホテルであるホテルニューグランドの本館は、1927年に開業されて、今年で築92年です。また最近では築数十年~100年の古民家を改装したレストランやカフェ、宿泊施設も人気です。

これらの施設は築年数の新しさではなく、その施設が経てきた年月から提供される体験価値が評価されています。

本来、**モノの価値はそれが新しいかどうかではなく、提供する体験価値によって評価されるべきものだ**と私は考えています。

体験価値は、最先端の技術やデザインを活用したからといって必ずしも高まるものではありません。最新のスポーツカーの乗り心地は、人間工学的には最高かもしれませんが、それでもクラシックなポルシェに魅力と価値を感じる人もいます。

新規性を大事にする価値観から、体験を大事にする価値観へのパラダイムシフトは、サービスの価格設定に対する考え方を大きく変えることになります。

たとえば、住居をホームシェアで貸し出した場合、共用を開始した初期段階よりも、長年の運営でいいレビューが築かれた後のほうが、より高い値段で貸しても予約がより入るようになります。

このように年数が経てば経つほど体験価値が蓄積され、かえって評価が高くなる「経年劣化」ならぬ「経年優化」の考え方が一般的になれば、従来とは異なる資産価値のあり方も可能になります。

「経年優化」の考え方は、スキルサービスではすでに一般的な考え方になっています。たとえば陶芸体験をするとき、陶芸を始めて3年の作家と、キャリア50年の人間国宝作家だと、どちらから学びたいかは問うまでもないのではないでしょうか。

長い年月で積み重ねてきたスキルが、より高い体験価値を生み出し、共用サービスとしてより評価されることを考えると、スキルの共用は、これからの高齢化社会における新しいビジネスモデルの可能性を示しているように思います。

時間と場所の制約から人を自由にする、新しい働き方の実現

ここまで見てきたように、社会的共用サービスは起業リスクを低下させ、マーケティングコストを使わずに、体験価値に基づくサービスの可能性を切り開きます。このことは時間と場所の制約から人を自由にする、新しい働き方を実現します。

つまり、**自分の好きなときに、好きな形態で提供**することができるのが社会的共用サービスの特徴です。

たとえば、スキルシェアをしているネイリストや占い師の中には、固定の店舗を持たず、予約の入ったときだけ、時間貸しの部屋を借りてサービスを提供している方もいると聞きます。

さらに、社会的共用の最たる特徴として、**「自分が本当に好きなことを価値として提供できる」**ということがあります。

成功している社会的共用サービスのプラットフォームは、大きなユーザーコミュニティを抱えています。そこで必要とされるニーズは多様であり、幅広いマッチングが可能となっています。

したがって、個人で社会的共用のサービスを提供しようとするとき、必ずしも大衆のニーズに迎合する必要はないのです。**ニッチな分野のサービスであっても広い世界を相手にすれば十分なマーケットがあります。**

高齢化社会を迎える一方で、終身雇用や年功序列といった仕組みが崩壊しようとしている現在、自分の好きな場所と時間を選んでサービスを提供できる社会的共用サービスは、新しい時代の働き方に大きなヒントを与えてくれます。

私たちにはマルチワークを前提とした働き方とライフスタイルを目指し、ひとつの会社に縛られることなく主体的な生き方を選ぶことが求められています。

社会的共用サービスとそのサービスが可能にした共用経済という新しい経済システムは**ひとつの企業に縛られた生き方から、自律的な生き方へのライフシフト**を可能にします。

次章からは、この視点に基づいて、社会的共用がどのように私たちの働き方と生活を変えていくのか、そして私たちは社会的共用にどのような価値を見出せるのかについて考えてみたいと思います。

第3章

過去の働き方と
これからの働き方

高度経済成長を支えたこれまでの働き方

では、社会的共用サービスが一般的になったとき、私たちの生活はどのような影響を受けるのでしょうか。

この章では、これらのテーマを理解するために、戦後の経済システムがどのように変化し、働き方や暮らしにどのような影響を与えたのか、そして、共用経済システムの仕組みが、私たちの働き方をどのように変えるのかについて見ていきます。

サラリーマン・ＯＬの割合

みなさんは、現在仕事に従事している人のうち、企業に勤めているサラリーマン・ＯＬの割合がどれくらいを占めていると思われるでしょうか。意外に思われるかもし

れません が、雇用者の割合は戦後一貫して上昇し続けています。

厚生労働白書によると、就業者に占める雇用者の割合（非正規雇用も含む）は、1953年には42・4％だったのが、1959年には51・9％、1993年には80％を超え、2005年には84・8％にまで上がっています。戦後の働き方の歴史は、あらゆる働き手を企業の雇用者にすること、すなわち**サラリーマン・OL化すること**にあったと言えます。

そこでまずはこの1億総サラリーマン・OL化を進めた高度経済成長期の雇用システムについて考察するとともに、このシステムが現在、どのような転換期を迎えているのかを考えていきたいと思います。

会社に守られていた時代の働き方

高度経済成長期からバブル期に至る1960年代～1990年代前半にかけて構築された雇用システムは、**「終身雇用」「年功序列」「企業別労働組合」**の3つの仕組みをベースに構築されてきました。

終身雇用とは、正社員として企業に新卒入社した場合、原則として定年まで雇用される仕組みと、その仕組みを前提とした福利厚生のあり方です。

会社は、雇い入れた社員が新卒から定年まで勤めることを前提に、新人教育を行ったり中堅幹部の留学を認めたりしていました。

退職金や年金制度も60歳まで勤務することを前提として組まれていたため、早期に退職すると老後の資金が不利になり、継続勤務のインセンティブを高めるひとつの要因となっていました。

日本の労働法制度は労働者保護の比重が大きく、リストラが難しいといわれますが、そもそも企業が終身雇用を前提としていたことも関係していると思います。

年功序列とは、仕事の出来不出来にかかわらず、原則として勤続年数や年齢に応じて役職や給料が上がっていく仕組みです。

有名な漫画『課長島耕作』（弘兼憲史／講談社）は、１９８３年に連載が開始されました。主人公の島耕作は、連載当初「課長」の役職にありましたが、その後、取締役↓

常務↓専務↓社長↓会長へとどんどん昇進していきます。

この漫画の主人公・島耕作のように、新卒入社した会社の同期出世レースで先頭に立ち、派閥闘争を生き抜き、社内で昇進をしていくことが人生の成功モデルとして捉えられていました。このように、新卒入社の社員専用とも捉えられるレールを会社が用意することで、**転職者や中途入社組を暗に排除する仕組みとしても年功序列が機能**していました。


高度経済成長期を支えていた3つめの要素は、企業別労働組合です。

大企業では、社内で労働組合が組織され、労働者の身分が保障されていました。出世レースから仮に外れたとしても雇用は保障され、先述の通り年功序列で収入が上がっていくという仕組みがとられていたのです。


これらの仕組みの結果、就「職」というよりも、就「社」するという傾向が強くなり、会社と社員の間には擬似的な家族のような関係が存在していました。

そのため、仮に仕事ができなくても（しなくても）許容され、会社に養われるという風土が高度経済成長期まではあったように思います。

この状況を表す言葉として有名なのが「窓際族」という言葉です。

出世コースから外れた中高年サラリーマンが、窓際にデスクを追いやられ、でも辞めさせられるわけでもなく雇用されている……という状況です。

また、退職後は会社から恵まれた企業年金をもらい、安定した老後を送ることができました。「ゆりかごから墓場まで」ならぬ「入社から墓場まで」といえるほどに、**会社が社員の生活を保障**していたのです。

これまでの働き方の代償

「終身雇用」「年功序列」「企業別労働組合」を主軸とした高度経済成長期の働き方は、理想的に見えるかもしれません。

しかしこのような働き方には負の側面もありました。

まず、**会社による終身保障は、会社と社員の対等な関係を阻害**します。

会社が親として養う側で、社員が子として養われる側という擬似的な家族の関係は、社員にある種の「忠誠」を求める構造になります。会社への「忠誠」は、労働時間の長さや、雨が降ろうが槍が降ろうが就業時間に間に合うように会社へ行くといった、時間と場所への従属関係で測られる傾向が強く、それは時に、仕事のスキルや成果よりも重要な意味を持っていました。

１９８９〜１９９１年に放映されていた、栄養ドリンク「リゲイン」のテレビＣＭのキャッチフレーズ、「24時間戦えますか」という言葉が象徴するように、会社に人生のすべてを捧げるような働き方が疑問なく受け入れられていたのもこの時代の特徴であるように思います。

さらに社長を頂点とする年功序列型のヒエラルキーへのコミットは、平均的な社員にとっては居心地がよくても、優秀な社員にとっては歯がゆい制度であったことも想像に難くありません。

以上を総合すると、高度経済成長期からバブル期にかけての働き方は、働き手が会社への忠誠を誓う代わりに、会社が雇用と老後の安心を約束するという仕組みであったといえます。

その中で人々は、同期との競争を勝ち抜くために際限なく働き、代償として安定した生活と老後を得ていたのです。

これまでの働き方の崩壊

高度経済成長期につくられた会社と働き手の蜜月関係は、バブル経済の崩壊により大きな転換期を迎えます。

バブル崩壊は経済システムとともに終身雇用や年功序列といった雇用システムも終焉させることになります。

転機となった1997年

バブル崩壊で、雇用システムへの影響が最初に表面化したのは、私が新卒で就職した年でもある1997年だと考えています。

大学4年生で就職活動をしていたとき、私を含め同級生のほとんどが自分が入った会社でそのまま一生を過ごす人生を想像していました。

しかし就職から約半年後の1997年11月。

三洋証券、北海道拓殖銀行、山一證券の3つの大企業が1カ月のうちに相次いで破綻・廃業して、世の中の空気感が一気に変わったことを、今でも鮮明に覚えています。

「大企業に入れば一生安泰」「大企業は倒産しない」という不倒神話をみんなが当然のように信じていました。それがあっさり崩れたのがこの3つの企業の破綻でした。

上場企業の倒産

1997年以降、大企業の倒産や再編が加速しました。

東京商工リサーチが全国倒産集計を開始した1952（昭和27年）～1988年（昭和63年）まで、昭和の37年間で倒産した上場企業は95件（年平均2・5件）でした。それがバブル崩壊をまたぐ1989～1998年の10年間では倒産件数が44件（年平均4・4件）と増加し始めます。

そして、1999～2008年の10年間で起きた上場企業の倒産は140件（年平均14件)で、急速に伸びています。

そごう(2000年)やマイカル(2001年)、カネボウ(2005年)などの大手企業が相次いで破綻、あるいは上場廃止したのもこの時期です。

その後、2009〜2018年の上場企業の倒産は49件(年平均4・9件)と、数は減少したものの、日本航空やタカタなど大手企業の破綻が目立っています。

また、シャープ、日産、東芝など、破綻はしていないが外資との資本提携や事業売却・縮小によって生き残りを図っている企業が多く見受けられます。

勝ち組企業の絶え間ない入れ替わり

上場企業の相次ぐ破綻により、**新卒時に勝ち組の会社に入社したとしても、定年までの人生が安泰とは限らない状況が現実化**しています。

1989年の企業時価総額上位100社のうち、現在、上場廃止になっているのが4社、上場廃止後に再上場したのは4社です。この他にも、統廃合やグループ再編などを行なっている会社を合計すると、約半数の企業は、この30年間で何らかの影響を受けているのです。

大学を卒業して就職するとき、**そのときの時価総額が上位の会社に入社したとしても就職から30年後の50代のときに、会社が入社当時の姿でいる保障はない**のです。

会社に守られる時代の終焉

企業の相次ぐ破綻や業績の悪化は、終身雇用制度にも影響を与えます。業績の変動に対応できるよう、バブル崩壊以降は人員調整をしやすい非正規雇用の割合が増加しています。

「平成27年版　働く女性の実情」（厚生労働省）によると、雇用者に占める非正規雇用者の割合は、男女計で１９８５年の16・４％から２００５年には37・４％に上昇しています。さらに女性のみの数値は56・３％で、半数以上が非正規雇用の採用となっています。

２０１９年5月、経団連の中西会長は、「終身雇用が制度疲労を起こして、終身雇用を前提とすることが限界になっていること」そして、「雇用維持のためにビジネスを残すべきではなく、新しいビジネスに注力すべき」といった趣旨の発言をしました。**終身雇用が現実的ではないと、経団連のトップが認めた**のです。

非正規雇用割合の増加に伴い、「年齢を重ねれば給料が上がる」という年功型給与体系の前提も崩れてきています。

「平成17年版　労働経済白書」（男性標準労働者、大卒、産業計、規模計のデータ）によると、22歳の賃金を１００としたとき、１９９０年の統計の際のピーク値が５３０・２であったのに対し、２００４年の統計の際のピーク値は３８５・０となり、１９９０年の7割程度にまで下がっています。

そして現在、この賃金カーブはさらに平坦化しています。

「平成29年賃金構造基本統計調査の概況」（厚生労働省）によると、正社員・正職員の男性の20〜24歳の賃金が２１２・９万円であるのに対して、ピーク時の50〜54歳の賃金は４３７・３万円までしか上昇しません。これは20〜24歳を１００としたとき、ピーク時でも205・4までしか数値が上がらないということを意味しています。

仮に同じ値を1990年の統計カーブに当てはめると、賃金は1128・1万円まで上がる計算になります。

女性に関しては、正社員・正職員でも20–24歳の賃金が206・3万円であるのに対してピーク時の50–54歳では300・5万円までしか上がりません。非正規雇用についてはは200万前後でほぼ上昇カーブがない状況です。

このように、**将来の賃金上昇をほとんど見込めなくなっているのが今の働き方システムの現実**なのです。

なぜ、新しい働き方が求められているのか？

人々の労働環境の未来には、さらに2つの大きな試練が待ち受けています。

未来の働き方について提言を投げかけている書籍、『ワーク・シフト』（リンダ・グラットン／プレジデント社）の中で、働き方の未来を変える要因として、次の5つが提唱されています。

①テクノロジーの進化
②グローバル化の進展
③人口構造の変化と長寿化
④社会の変化
⑤エネルギー・環境問題の深刻化

日本人の平均寿命の推移

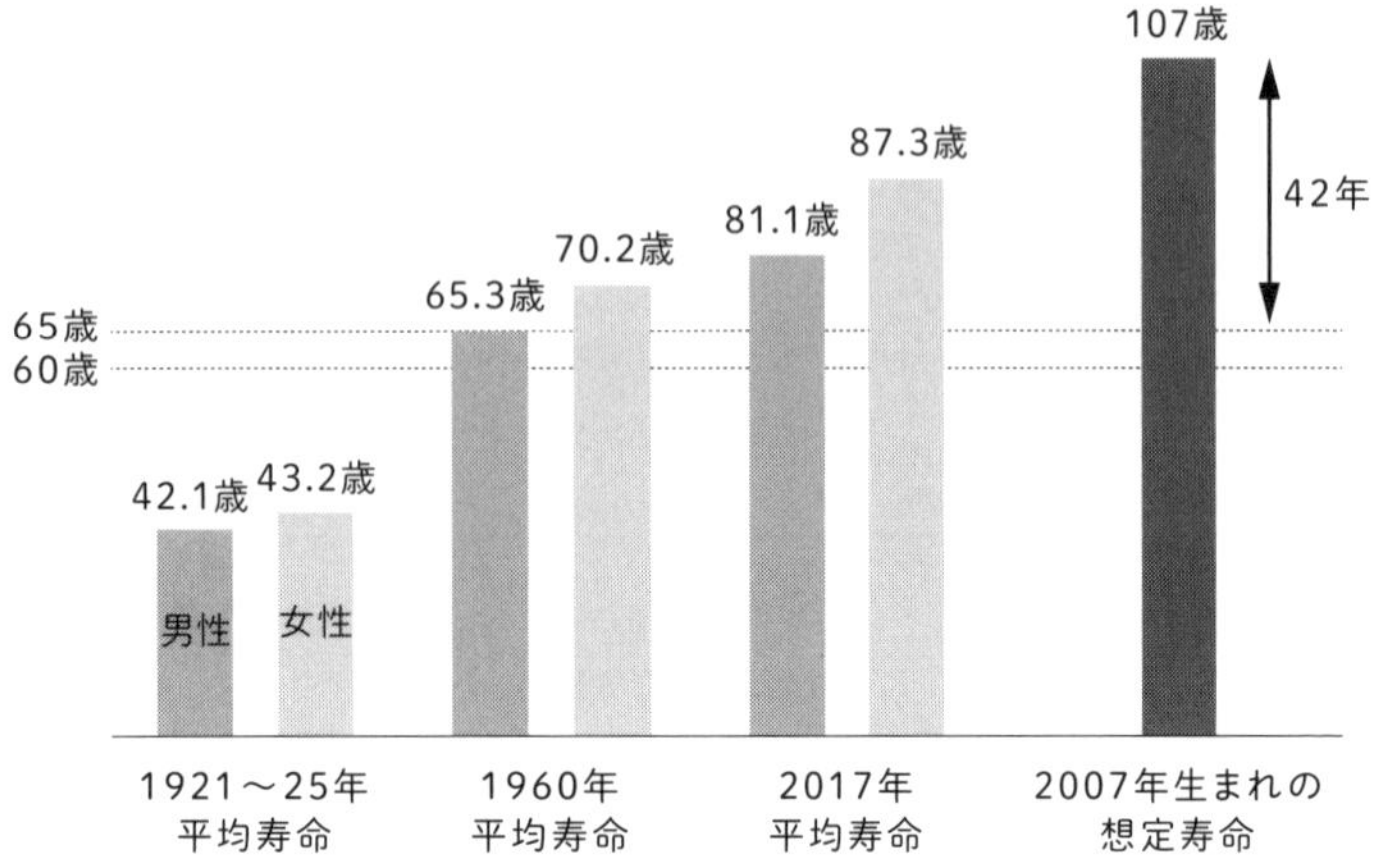

この中でも特に日本に影響があるのは、③④がもたらす「社会保障制度の崩壊と定年後労働の一般化」と、①がもたらす「テクノロジーによる仕事の消滅」です。

「人生100年時代」とは何か？

高度経済成長期なら、ほとんどの人が定年と同時に仕事を辞めて引退し、年金や社会保障と、現役時代に蓄えた貯金や退職金で悠悠自適に生活することが可能でした。

しかし、平均寿命が長くなり、人生100年時代が到来しようとしている今、定年を迎えても、生活レベルの維持や生きがいを求めて、働き続けなくてはならない時代がやってきています。

このことは平均寿命の推移から見ても明らかです。

高度経済成長が始まった１９６０年の日本人の平均寿命は男性が65・３歳、女性が70・２歳でした。

当時の定年年齢である60歳を迎えたら、平均寿命換算で5～10年ほどの余生であり、退職金や社会保障制度で生活をまかなうことも十分可能でした。

ところが２０１７年の日本人の平均寿命は、男性81・１歳、女性87・３歳にまで伸びています。**仮に65歳まで働いたとしても、女性にはその後の人生が20年以上もあるのです。**

さらに、人生１００年時代について語られた『ライフ・シフト』（リンダ・グラットン、アンドリュー・スコット／東洋経済新報社）によると、２００７年生まれの子どもは、50％の確率で１０７歳まで生きると予測されています。

１０７歳まで生きるという前提は、これまでの人生の考え方に大きな再考を促すことになります。

仮に23歳になる年に大学を卒業して、65歳まで仕事をしたとすると、仕事をしている年数と、その後の人生の年数は、ともに42年で同じになります。

さらに言うと１９２０年代の日本人の平均寿命は、約42歳でした。

これまで**「老後」として捉えられてきたところに、もうひとつの新しいライフステージが生まれた**といっても過言ではないのです。

「当たり前」だった仕事がなくなる時代

高齢化と合わせて私たちの働き方に大きな影響を与えることが予想されるのがテクノロジーの進化です。

テクノロジーの進化により、仕事そのものが消滅し、単純作業はもとより、専門職までもが代替される時代がきています。

オックスフォード大学のマイケル・Ａ・オズボーン教授は、「雇用の未来」という論文で、ＡＩや技術の革新が進むことで機械にとって代わられる人間の仕事を発表しました。

「未来の階層図に中間層は存在せず、一握りの上層とその他大勢の下層で構成される『フラットで裾広がりの三角形』となる」

とオズボーン教授は予測しています。

消える確率が高いとされる仕事の中には、法律や医療関係の専門知識を要するものまで含まれています。

人生１００年時代の到来に伴い、社会保障制度が破綻する中、生活の安定と生きがいのために働く必要があるのに、肝心の仕事そのものはテクノロジーにとって代わられ、次々と消滅しつつあります。

人間ができる仕事をめぐって、世代を超えた椅子取りゲームが働き方の未来に訪れつつあるのです。

そのような状況を解決するための処方箋はあるのでしょうか。

次項からは、これからの時代の働き方を考察しつつ、シェアが働き方に与える影響を考えていきたいと思います。

「シェア」が働き方の理想と現実のギャップを埋める

1億総サラリーマン・ＯＬ時代に構築された働き方の仕組みは、これまで見てきたように機能不全で時代遅れのものとなりつつあります。

２０１９年４月から施行された**「働き方改革」**もこの問題意識の下、日本企業の労働環境を大幅に見直すことを目指しています。

働き方改革とその課題

働き方改革のポイントは大きく分けて２つあります。

ひとつ目は、ワークライフバランスを実現するための**労働時間法制の見直し**です。

残業時間の上限規制、５日間の年次休暇取得の義務化、高度プロフェッショナル制

度の新設などです。

もうひとつは、**正規・非正規雇用にかかわらない公正な待遇の確保**です。正社員と非正規社員の間で、**基本給や賞与などのあらゆる待遇について、不合理な待遇差を設けることを禁止**しました。

働き方改革法案において、これらの2つのポイントが採用された背景には、大きな社会的な流れがあります。

ワークライフバランスの実現については、2016年の電通職員の過労自殺を契機とした過労死・突然死の社会問題化が、そして正規・非正規雇用の公正な待遇については非正規雇用者の増加が影響していると考えられます。

長時間労働とそれに起因する過労死・突然死や、非正規雇用者の増加に伴う社会の不安定化に対処が必要であることは論を待たないでしょう。

一方、これらの課題に対応、解決するための視座が本当に正しく設定されているかについては議論の余地があります。

労働時間の見直しや、正規・非正規雇用の待遇格差の禁止といった働き方改革で示されている施策は、あくまで会社目線で改革案が提示されています。

そこでは、

①仕事をするときは、会社のオフィスに物理的にいる必要があり、働く場所と生活の場所はきちんと区分されるべきである

②会社のオフィスには、8時間など毎日決まった時間いるべきで、働く時間と生活の時間はきちんと区分されるべきである

という、場所と時間に関する会社側の論理に立った暗黙の前提(拘束)があります。

「会社は、働き手を拘束するものだ」という前提はあくまで変えずに、いかに働き手の環境を改善するかという視点で改革案が起案されているのです。

しかし現代は、会社に属するという概念や、本業・副業の捉え方が大きく変化しています。またテレワークなどの推進により、多様な場所や時間での働き方も求められるようになっています。その結果、「働き方改革」において提示されている解決策の視座は、現状とずれているように感じられます。

シェアが新しい働き方を切り拓く

ここまでの働き方をめぐる議論について整理をしてみましょう。

平成の約30年間、高度経済成長期からバブル崩壊を経て、私たちの働く環境と仕事に対する捉え方は大きく変わりました。1億総サラリーマン・OL化を支えた年功序列や終身雇用の仕組みは崩れ、企業の勝ち組、そして勝ち組社員に求められるスキルはどんどん変化し、**明確なキャリアパスが存在しない時代**がやってきます。

社会や労働環境が大きく変化する中、私たちが最適なライフスタイル・ワークスタイルを実現していくためには、どうすればいいのでしょうか。また社会的共用としての技術や社会の発展に伴い、求められるスキルがどんどん変化している中、社会や企業が、限られた人的資源を有効に活用して最適なアウトプットを実現するためにはどうすればいいのでしょうか。

ここで改めて、「働く」ことそのものの意味について考えてみたいと思います。

世の中にはさまざまな仕事が存在していますが、そこにはあるひとつの共通要素があります。それは、**「働くことを通して人と社会がお互いに関わり、その関わりの価値に基づいて対価を得る」**ということです。

そう考えたとき、働き方とは人と社会がどのようなスタイルで相互作用を及ぼすかという「関わり方」だと言い換えることができます。

従来の会社と働き手の「関わり方」は単純で、1：1の雇用関係を原則としてきました。しかしこれからの時代は働き手が複数の会社と関わりを持つようになります。またライフステージによって会社との関わり方も多様化していきます。

リンダ・グラットン（『ライフ・シフト』の著者）によれば、人生100年時代では、企業に勤めるステージに合わせて、エクスプローラー（自分探しをするステージ）、インディペンデント・プロデューサー（個人事業主）、ポートフォリオ・ワーカー（仕事＋副業）のステージを行き来し、さまざまな会社を経験しながら、生涯現役で働き続ける仕組みが生まれると予測しています。

テクノロジーは、人と社会の新しい関わり方を可能にする共用のプラットフォームとして使われるようになったとき、新たな意味を持ちます。

そして働き手は、さまざまな仕事を共用し、自らのジョブステージやライフステージに応じて会社やコミュニティとの関わり方を選択的かつ流動的にとらえる考え方にシフトする必要があります。

このような社会においては、正社員、契約社員、業務委託といった区分は、ある時点における働き手のコミットメントの深さを測るだけの概念でしかなくなるかもしれません。

会社もまた、自社のスキルの高い働き手に執着するのではなく、外部の働き手とも関わって視野を広げ、事業をデザインすることが求められています。

会社と働き手がゼロサムの椅子取りゲームを行うのではなく、椅子を「分かち合う」ことで、新たな価値を生み出すことが今、求められているのです。

そしてそのような新しい人と社会の関わり方を可能にして、先の見えない時代に対応可能な柔軟な働き方を実現するのが社会的共用としてのシェアを前提とする共用経済システムへの移行であると私は考えています。

「なぜ、働くのか？」が問われる時代だからこそ

共用経済システムが浸透していくと、会社と働き手の心理的な関わりや共有すべきゴールも変化していきます。

年功序列と終身雇用が前提となっていた従来の社会では、**「会社の成長・発展＝働き手の幸せ、あるいは自己実現」**というステレオタイプな発想が十分な説得力を持っていました。しかし会社と働き手がお互いに対等な関係の中でスキルやリソースを共用する社会では、**お互いがお互いを選ぶための理由が必要**になってきます。つまり、会社が自身の成長・発展のことだけを考えるのではなく、そこで働く人にとっての価値を考えることで、優秀な人材を呼び込めるのです。

では、人は何を目的に働くのでしょうか。

働くことの重要な理由のひとつに、生活の糧を稼ぐことがあるのは言うまでもありません。平均寿命が伸びている現代においてはなおさらです。

しかしそれと同時に、**多くの人が働くことを通じて自己実現の欲求を満たすことを大事な価値として捉えています。**

会社は働き手にどのような関わり方を求めているのか。その関わり方は働き手にとって意義のあるもので、自己実現を可能にするのか。この問いに対する明確で説得力のある視点と、魅力あるストーリーを会社が提示することができれば、働き手は会社に対して積極的にコミットすることができるようになります。そのストーリーが働き手に響くものであれば、働き手は「会社組織に属しているから会社のために働く」という姿勢を超えて自身の能力を発揮します。

そのような、対等な立場でのマッチングや複線的な関わりのデザインを通じて、新しいライフスタイル、ワークスタイルが実現できることも、共用経済の大きな価値のひとつです。そして働き手はストーリーにコミットしつつもこれまでのサラリーマン・ＯＬという前提に縛られず、ＱＯＬ（生活の質）の高い、自己実現を可能にする「幸せ」な働き方を選ぶことができるようになるのです。

次章では、共用経済をベースとしたこのような新しい働き方が、どのように人々のライフスタイルを変え、生きがいをもたらしていくのかについて考えてみたいと思います。

そして第5章以降では、働き手と会社が社会的共用サービスを活用していくためのステップもご紹介していきます。

第4章

シェアが可能にする幸せな働き方

「幸せ」を叶える働き方とは？

共用経済を活用した新しい働き方を考えるときに大切な視点は、**「働き手の幸せとどのようにつながっているのか」**ということです。

そこで本章では、人間の持つ内面的欲求を示した**「マズローの欲求5段階説」**に即して、共用経済に基づく働き方改革がいかに人々の本質的欲求につながり、人々に幸せをもたらすのかについて見ていきたいと思います。

マズローの欲求5段階説

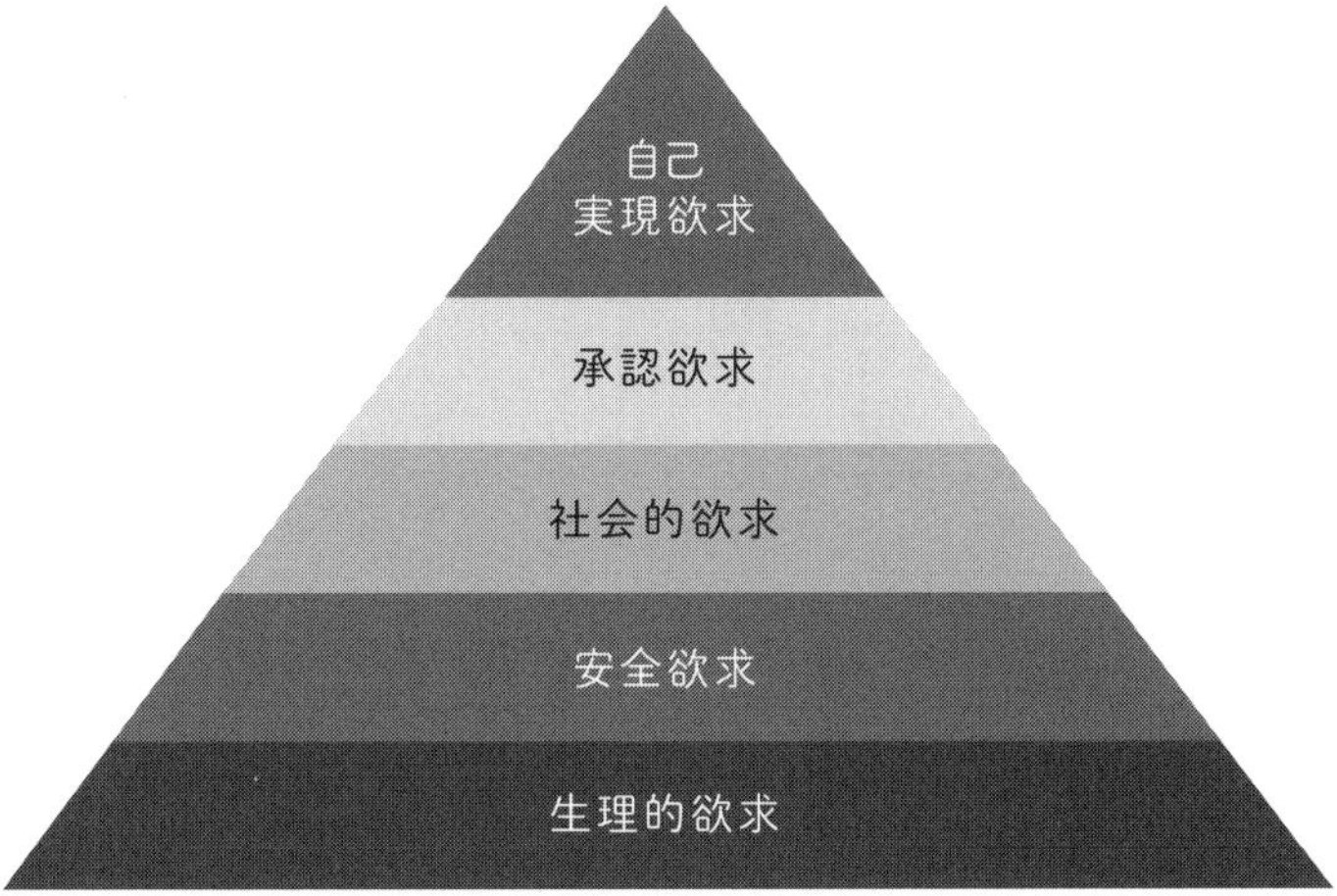

私たちは何を求めているのか？

マズローはアメリカの心理学者で、人間が本質的に求めている欲求を5つの段階で理論化したことで有名です。5つの欲求段階は次のように整理されています。

・**生理的欲求**＝生命を維持するための本能的な欲求で、食事・睡眠・排泄など
・**安全欲求**＝安全性、経済的安定性、よい健康状態の維持、よい暮らしへの欲求
・**社会的欲求**＝自分が社会に必要とされていて、受け入れられていることを感じたい欲求

・**承認欲求**＝自分が集団から価値ある存在と認められ、尊重されることを求める欲求
・**自己実現欲求**＝自分の持つ能力や可能性を最大限発揮し、「あるべき自分」になりたいという欲求

マズローは、人の欲求は生理的欲求から自己実現欲求へと、ピラミッドの上に向かう形で進んでいくと説明しています。したがってこの5つの欲求は、並列で並んでいるものではなく、低次の欲求が満たされると次の高次の欲求へと向かう形でステップアップしていきます。

長時間労働でも「幸せ」だった理由

これまでの働き方は、どのように働き手の内面的欲求を満たしていたのでしょうか。
マズローの5段階の欲求に基づくと、次のように整理できます。

・生理的欲求＝国の規制に基づく**必要最小限の社会保障**（終身雇用、雇用保険など）

・安全欲求＝**生活の安定や老後を保障**する就業システム（年功序列、年金制度など）
・社会的欲求＝会社・組織への**帰属意識**（愛社精神、永年勤続表彰など）
・承認欲求＝会社そのものの**ブランド力**、会社内での**役職**
・自己実現欲求＝会社・部署の成長や発展を実現することによるやりがい

終身雇用や年功序列といった制度は、下部の２つの欲求（生理的欲求、安全欲求）を満たすことに貢献しています。

入社さえすれば定年まで仕事をすることができ、老後の生活安定も保障されていることは、働き手の生理的欲求を、年功序列などの制度は安全欲求を満たしてくれます。

社会的欲求と承認欲求は、社内での役職や出世で充足されていました。その結果、外部の顧客やマーケットからどのような評価がなされるかということよりも、内部での論功行賞のための立ち回りに長けることで承認欲求を満たすようになっていきます。

また自己実現欲求としては、自己と会社を同一視して、会社の成長・発展をそのまま自分の成長として捉えることがあげられます。企業名や企業の肩書を自分自身のステイタスとして捉える考え方はこれに当たります。

しかしバブル崩壊以後の労働環境の変化は、働き手の欲求の充足に大きな影を落とすことになります。

まず終身雇用や年功序列といった前提が失われたことで、基本的な欲求（生理的欲求や安全欲求）が満たされなくなりました。

また、なんとか雇用や年功序列を維持している企業でも、他の企業と統合したり中途採用を始めたりした結果、生え抜きメンバーの承認欲求や自己実現欲求を満たすことが難しくなっています。

すると、働く社員のモチベーションは下がり、さらなる業績の悪化やセクショナリズムに陥るという悪循環が生まれたのです。

一方、共用経済が可能にする新しい働き方は、資本主義経済の会社論理とは異なる形で、人々の内面的欲求を満たすことができます。

いずれは、この新しい経済システムをベースとしたライフスタイル、ワークスタイルが世の中のスタンダードになっていくだろうと私は考えています。

次項からは、共用経済がどのような形で人々の5段階欲求と関わっているのかについて見ていきたいと思います。

シェアなら「稼ぐ」と「幸せ」を両立できる

共用経済と社会的共用に基づく新しい働き方は、どのような形で人々の欲求を満たすのでしょうか。

その詳細を、マズローの欲求5段階説のピラミッドを逆方向に降りていくような形（自己実現欲求→生理的欲求）で見ていきましょう。

シェアの目的は「お金」だけではない

社会的共用サービスは、自己実現欲求と親和性の高いサービスです。

自己実現欲求を充足させるためには、金銭的価値にとどまらず、精神的価値への影響が重要になります。

このことについてホームシェアのサービスを例にあげて考えてみましょう。

ホームシェアの提供者は、必ずしもお金目的で家を貸し出しているわけではないという話をよく聞きます。

定年後に外国の方向けにホームシェアを始めた方は、「ホームステイは長期間にわたるので体力的に難しいけど、若い人と交流したいので自分のペースで行えるホームシェアを選んだ」といいます。また、海外出張や駐在が現役時代に多く、リタイア後にホームシェアを始めた方は、「高齢になって、海外旅行に行かなくなったけど、海外の人との交流を求めて家を貸したい」と話していました。

小さい子供がいる家庭では、「家に居ながら国際交流ができ、子供の教育にもつながる」という観点でホームシェアを始められる方もいます。

スキルの社会的共用サービスも、自己実現の欲求を満たす要素が多くあります。たとえばAirbnbの体験サービスでは、自分がこれまでに培ってきた経験や趣味を活かしたサービスを提供している方が多くいらっしゃいます。茶道や着物の着付け、花道などの伝統的なものから、街歩きやバーホッピングまで、さまざまな体験が提供され、自身も交流を楽しまれています。

また定年を迎えた方が、これまで携わってきた仕事や趣味の知見・スキルをもとに、サービスを提供するとき、経済的な報酬だけではなく、人とのつながりを感じることで、それが精神的な充足になることが多くあります。

このように共用サービスが自己実現欲求と親和性が高いのは、共用サービスの基本的な性格とも関係しています。

共用とは、「自分が持っている余剰を他人に分け与えること」です。そして**その余剰とは、提供者の「豊かな部分」である**とも言えます。

自分のそうした豊かな部分を他人と分け合い、他人が喜びを感じることで、提供者も生きる価値を見出していく……、こうした正のスパイラルが自己実現欲求の充足を可能にするのです。

シェアが生み出した「新しいやりがい」

承認欲求や社会的欲求を満たす仕掛けもまた、社会的共用サービスのプラットフォームに組み込まれています。

すなわち、共用サービスを提供したり、活用したりすることによって得られる相互評価・レビューの仕組みは、承認欲求や社会的欲求を満たす有効な機能となっています。

ただひとつ、注意しなくてはいけないのは、評価レビューの仕組みは、リソースやスキルの共用では、ほぼ確立されている一方、コンテンツの共有ではいまだ課題があるということです。

コンテンツの共用で一般的に採用されている「いいね」や、シェアといったレビューの仕組みは、手軽な反面、難しい面も有しています。FacebookやInstagram、Twitter、YouTubeのフォロワー数や「いいね」、シェア数などの**レビューの仕組みで重視されるのは、「質」ではなく、「数」**です。

しかし、著名人も活用しているSNSで、一般人がレビューやフォロワー数を増やすことは容易ではありません。その結果、クオリティではなく人の目を引くような過激さで、短期的な注目を集めようとするユーザーも出てきてしまうのです。

オンラインでサービス提供が完結するコンテンツの共用は、ユーザーがとても手軽にレビューを書き込める反面、評価そのものの質を保つのはとても難しいのです。

以上のようにコンテンツの共用サービスでは評価の質を上げる「評価に対する評価」の仕組みが、今後の課題になっています。

一方、**リソースやスキルの共用サービスにおけるレビュー・評価は、評価の数と合わせて「質」も考慮しやすい仕組みとなっています。**

リソースやスキルのサービスの共用は、オフラインでの利用を前提とし、同時にサービスを利用できる人数が限られています。

また、サービス提供者と利用者が、サービス利用に基づく具体的な評価を相互に行っているので、公平な関係性を築くこともできます。

このようにリソースや共用サービスにおいては、数だけではなく質の高さも兼ね備えた総合的な評価が行われているのです。

この評価システムでは、**評価された側も、より本質的かつ総合的に自分のサービスが評価をされている満足感を得ることができます**。高い評価は、その後の運用にもいい影響を与える点でも承認欲求・社会的欲求の充足を満たす仕組みだと言えます。

セーフティネットとしてのシェア

社会的共用サービスは、**本業と両立可能な副業**の手段を提供します。

そして、本業を一時的に離れたり、キャリアチェンジをしようとしたりするときの**安全策（セーフティネット）としても有効な手段**として機能します。

これまでも、内職やアルバイトなどの副業は一般的にありましたが、社会的共用サービスと内職、アルバイトでは、提供者と働き手の関係性に大きな違いがあります。内職やアルバイトでは、仕事を提供する側が優位にいます。募集される仕事の多くが代替可能な作業であり、その結果、サービス提供者側に働き手を選ぶ決定権がある場合がほとんどだからです。

一方、社会的共用サービスではサービスの提供者と利用者が対等な立場で交渉することを可能にします。

その理由は、社会的共用サービスで提供される価値の多くがオリジナリティを有するものであるということです。

たとえば、リソースの共用サービスとして自宅を貸す場合、利用者は室内のインテリアやホストの人柄でサービスを選びます。

またスキルの共用サービスを行う場合、利用者は提供者の人柄やこれまでの経験でサービスを選びます。

つまり、サービスがユニークさや体験価値で選ばれるため、コモディティ化のワナを避けることが可能になるのです。相互評価の仕組みも、お互いを尊重する関係性の構築に貢献しています。

こうした自分のオリジナリティを核とした共用サービスを普段から副業として提供

すれば、ベーシックインカムを確保することができます。また、社会的・経済的に弱者であった人々が、共用サービスを通じてビジネスや経済システムと関わり、新しい形で収入を得る手段を獲得することも可能にしています。

ホームシェアや体験などのリソース、スキルの共用サービスは、女性の活躍の幅を広げることにも一役買っています。

日本でホームシェアを行っている女性ホストの年間収益は約８７８４ドル（約92万円）で世界第14位（２０１７年時点）です。また日本の女性ホストは全体の約46％を占めており（２０１８年時点）、これは、アジアでトップの数字です。平均の収益金額だけ見ると、アルバイトのほうが儲かるように思えるかもしれません。しかし育児をしながら仕事を続ける場合、どうしてもさまざまな制約が出てしまいます。一方、自宅の空き部屋を貸し出してホームシェアを行えば、家に居ながら社会とつながり、収入を得ることができます。

今まで経済価値として換算されていなかった家事スキルや主婦能力の余剰が、社会的共用サービスを通じて経済価値となり収益化できることは、大きなパラダイムシフトであるといえます。

このように、**社会的共用としてのシェアサービスは、マズローの5段階欲求説でいうところの「高次の欲求」から「低次の欲求」までも満たすことができる**のです。

新しい働き方を可能にした社会的共用サービスは、さらに、新しい働き方にふさわしい新しい暮らし方も提案してくれます。

次項ではそのような新しい働き方がもたらす、新しい暮らし方をいくつかご紹介したいと思います。

シェアでもっと自由に生きる

社会的共用サービスと共用経済は、人々に新しい働き方と収入を得る仕組みを提供しました。そしてさらに、新しい社会に対する価値観をもとに、新しいライフスタイルの選択肢を生み出そうとしていました。

本項では社会的共用が可能にする新しいライフスタイルについて、いくつかご紹介をしていきます。

移住や二拠点居住が一般化する時代

社会的共用を活用した働き方が進み、多くの人がマルチワークを行うようになると、WeWorkのようなコワーキングスペースが増えてきます。

またインターネットさえあれば、どこにいても仕事ができる職種が増えてきました。これまでは人口が都市に集中してきましたが、共用経済が進めば、脱都市化が進むと私は考えています。

まず、二拠点目の居住場所や試住場所としてホームシェアが活用されるケースが増えています。2つめの物件を所有したり、借りたりするよりも、共用サービスを利用したほうが自由度が高くなるからです。

また社会的共用サービスで生計を立てることで、移住による収入面の課題を解決する人も増えています。地方移住の大きなハードルのひとつとして、「仕事がない」ということがあります。

しかしホームシェアの提供者になるなどして、生計を立てることができたら、地方で暮らすというライフスタイルがより現実化します。**移住後の生計を立てるために家を貸したり、体験のサービスを提供したりしてベーシックインカムを稼ぐのです。**そうすることで、地方移住のハードルである就労機会の不足を克服できます。

場所に縛られない生活

さらに一歩進んで、固定の住所を持たずに生活するほうが都合がいいと考える人にも、社会的共用サービスは価値を発揮します。

アメリカでは、定年後にAirbnbを活用してひとつの場所に縛られない生活をはじめるシニア世代が登場しています。有名なのはTHE SENIOR NOMADSという名前で世界中を旅しているキャンベル夫妻です。キャンベル夫妻は仕事をリタイアしたのち、2013年夏にシアトルの自宅を売り払い、Airbnbでの世界一周を始めました。旅を開始したとき、2人は68歳と58歳でした。

それから5年後の2018年10月時点で、2人は68カ国200以上の都市に滞在し、Airbnbでの滞在は1000泊を超えています。

2人が宿泊した都市の一部を次ページで紹介します。世界中、ありとあらゆる場所を訪問していることがわかっていただけるかと思います。

本書を読んでいる方のほとんどは、仕事場に近接するどこかのエリアに、家を借り

キャンベル夫妻の宿泊先リスト（一部）

●アジア
アラブ首長国連邦：ドバイ
カンボジア王国：シェムリアップ
シンガポール共和国：シンガポール
タイ王国：バンコク、ホアヒン
大韓民国：ソウル
中華人民共和国：北京
トルコ共和国：イスタンブール、イズミル
日本：福岡、広島、京都、東京
ベトナム社会主義共和国：ハノイ、サイゴン
香港：香港

●ヨーロッパ
アゼルバイジャン共和国：バクー
アルメニア共和国：エレバン
イタリア共和国：バーリ、カターニア、チンクエテッレ、フィレンツェ、ジェノヴァ、レッチェ、ミラノ、ナポリ
ウクライナ：キエフ、リヴィウ
英国：ロンドン
エストニア共和国：タリン
ギリシア共和国：アテネ、ロードス
スイス連邦：シャフハウゼン、タール
スウェーデン王国：ストックホルム
スペイン王国：アルブフェイラ、バルセロナ、ビルボア、ジローナ、グラナダ、マドリード、セビリア、バレンシア
チェコ共和国：ブルノ、プラハ
デンマーク王国：オールボー、オーフス、コペンハーゲン、オーデンセ、リーベ
ドイツ連邦共和国：ベルリン、ケルン、ハンブルク、アイゲルティンゲン、フライブルク、ニュルンベルク、シュヴェリン、ルディ、シュトゥットガルト
ボスニア・ヘルツェゴヴィナ：サラエボ
フィンランド共和国：ヘルシンキ
フランス共和国：アグド、エクス・アン・プロヴァンス、アルル、ボワルロア、カーン、ディナン、リヨン、モンペリエ
ブルガリア共和国：ソフィア
ベラルーシ共和国：ミンスク
ベルギー王国：アントワープ、ブリュッセル

●アフリカ
タンザニア連合共和国：ザンジバルタウン
南アフリカ共和国：ケープタウン、ダーバン、ヨハネスブルク、リチャードベイ
モロッコ共和国：エッサウリア、マラケシュ
ルワンダ共和国：キガリ

●北アメリカ
アメリカ合衆国：ワシントン州ベインブリッジ、ベンド、フロリダ州ダニアビーチ、コロラド州デンバー、ワシントン州フライデーハーバー、カリフォルニア州ハーモサビーチ、カリフォルニア州ロサンゼルス、オレゴン州ポートランド、カリフォルニア州サンフランシスコ、ニューメキシコ州サンタフェ、ワシントン州シアトル
カナダ：ビクトリア

●南アメリカ
アルゼンチン共和国：ブエノスアイレス
ウルグアイ東方共和国：モンテビデオ
キューバ共和国：カルデナス、シエンフエーゴス、ハバナ、トリニダード
チリ共和国：サンディアゴ
ブラジル連邦共和国：リオデジャネイロ
ペルー共和国：リマ

●オセアニア
オーストラリア連邦：キャンベラ、メルボルン、シドニー、ワーナンブール
ニュージーランド：オークランド、クライストチャーチ、ダニーデン、アーンズクルー、フォックスリバー、ネイピア、ネルソン、ポートベロー、ロトルア、タウポ、ウェリントン

（参照リンク先：THE SENIOR NOMADS https://seniornomads.com/#home-section）

るか買うかして定住し、その地域のコミュニティに属しながら暮らしていると思います。そういう方には、キャンベル夫妻の生き方はエキセントリックに見えるかもしれません。

しかし、出張が多くて家を留守にしがちな人にとっては、家にいる絶対的な時間が少なく、家賃をもったいなく感じる場合もあるのではないでしょうか。また、プロジェクト単位の仕事をするシステムエンジニアの方は、プロジェクトによって職場が変わるため、通勤時間を自分でコントロールすることができません。

このように複数拠点で仕事をしていたり、仕事に応じて職場が変わる人を中心に、固定の住所を持たずに生活する人（アドレスホッパー）が増えています。

アドレスホッパーは、特定の住所を持たずに価値を生む生活の可能性を切り拓こうとしています。彼らは国内外の部屋やホテル、ゲストハウス、マンスリー物件などを転々としながら日々の生活を営み、仕事に従事しています。

ホームシェアの物件にはベッドやダイニングテーブル、家具や家電など、暮らしに必要となる設備が一通り整っており、電気代や水道代も宿泊費の中に含まれています。

そう考えると、**私物を手持ちで運べるくらいに抑えることができれば、自分の好き**

なところで、好きな期間だけ暮らすといった新しい生活が可能になります。

また住む場所を借りないということは、家賃や水道光熱費といった固定費をゼロにして変動費化させるということでもあります。またテレビや冷蔵庫、洗濯機などの家電製品や、テーブル、椅子などの家具を買うコストもゼロにできます。

そうして浮いたお金を活用して、より時間効率や金銭効率のいい場所に住む暮らしを彼らは送っているのです。

昔の遊牧民族にも近いこのような暮らし方は、新しい刺激と新しいライフスタイルをもたらす可能性を秘めています。


20世紀は都市化の時代と呼ばれ、多くの人が地方から都市に出て、大都市に人口が一極集中しました。

しかし、テクノロジーの力を借りながら、社会的共用サービスをうまく活用すれば、21世紀は都市化の時代から地方分散の時代にシフトすることができると私は思っています。

このような地域視点に立った社会的共用サービスについては、次項でも詳述します。

シェアが企業と社会に与える影響

共用経済が浸透し、働き方が自由に選択できるようになったとき、働き手と企業が対等な立場でお互いを選択することがますます一般化していきます。優秀な人材ほど自分が求める働き方に合わせて企業を選択するため、**企業の側も共用経済に対応した新しいワークスタイルを自社に導入する必要があります。**

企業と働き手の新しい関係

終身雇用や定年という概念がなくなると、正社員だからといって、雇用や地位が死ぬまで保障されるわけではありません。短期の非常勤契約社員であっても、スキルが高く評価されて雇われているのであれば、常勤社員よりもはるかに高い給与を得られるかもしれません。

このような状況で企業が考えるべきは、**外部の働き手との多様な関わり方を可能にして、オープンイノベーションを生み出せるようなビジネスモデルとワークスタイルをデザインすること**です。

共用経済の進展を見据えて、新しい事業のあり方を実践している企業の事例をいくつか紹介しましょう。

企業間で活用されているシェア

オープンイノベーションによる外部連携を実現する際には、大きく分けて、「内から外へ」の流れと、「外から内へ」の流れがあります。

まず「内から外へ」の流れとは、企業がこれまで内部に抱え込んでいた機能を外部の働き手に開放し、外部の働き手との関わりを活用することで、新しいビジネスをデザインすることを意味します。

たとえば谷中にある宿泊施設であるhanareは、その施設の中で完結していた飲食、入浴などの機能を、あえて街の既存のプレイヤー（食堂、銭湯）にアウトソースしています。

外部企業との連携による機能の共用は、新しい事業を始める際の投資コストの削減やリスク回避に効果を発揮します。

宿泊事業で必要とされる機能を外部に提供することができれば、既存のプレイヤーとの連携を行いつつ、コアとなる機能に集中することで、結果として差別化された価値を生み出しやすくなります。

また既存のプレイヤーも自分が抱えている余剰を有効活用させることで価値を生み出せます。

一方、旅行客はひとつの建物で完結しない場に宿泊することで、地域とのつながりを感じることができるのです。

宿泊施設は、施設の内と外の新しい関わり方をデザインするとともに、宿泊客の新しい旅の体験をも提供することができるのです。

同じように街全体を「宿泊施設」と捉え、施設の外へ人々を送客していこうとする動きはどんどん広がっています。篠山城下町ホテルのNIPPONIAや、星野リゾートが大塚などで始めた新しい宿泊施設であるOMO5などがその好例です。

ホームシェアでは運営に必要となるそのほかのサービスも外部企業との連携で運営することが可能です。たとえば、家具・家電メーカーは、宿泊で貸し出す物件のインテリアコーディネートや家具・家電のセットアップ用として、ホテル仕様の製品を一般家庭に販売してチャネルを広げることができます。

また清掃事業者やホームセキュリティ事業者は、分散した部屋のカギの受け渡しや清掃などを代行して、運用面をサポートする新規ビジネスを立ち上げることができます。

コールセンターはピーク時の対応があるため、一定の余剰人員を抱えながら最適化を図っています。コールセンターにあるスキルの余剰をホームシェアを利用する外国人宿泊者の多言語サポートにあてることで、働く側は新たな収入源を得ることが可能になり、コールセンター自体もより効率的に運用できるようになります。

共用経済における企業のあり方のもうひとつの流れは、**「外から内へ」**です。

これは、外部の人材を内部の人材と交流させ、相互作用させることで、新しい価値を生み出していくことを意味しています。

コワーキングスペースの代表格であるWeWorkでは、多様な企業をひとつの場所に集めて、コミュニティ化を促すさまざまな仕掛けをつくっています。

WeWorkのオフィスでは、毎日のように何らかのイベントが企画され、そのイベントには社内外のメンバーが参加できるようになっています。**さまざまな企業に属する人同士が自然と交流する場を提供することで、新しいイノベーションの創出が期待されている**のです。

WeWorkのようなコワーキングスペースを自社につくり、外部に開放している例もあります。

Yahoo!は、自社オフィスであるYahoo LODGEを外部の方にも解放しています。また、オープンなコラボレーションを生むために、利用者同士を結び付けるコミュニケーター制度を導入するなど、情報交換や新たな協業を生み出す仕組みを多数設けています。

他にも、人材紹介業のパソナや不動産情報サービス業のLIFULLも、本社にコワーキングスペースを設置しています。

セキュリティ面の問題もある中、あえて外部の人材をオフィスの中に呼び込むことで生まれる新しい創発を追求する企業がどんどん増えているのです。

また、外部のスキルの活用で新しいプロダクトを生み出そうとする試みも始まっています。

文房具メーカーのコクヨでは、「コクヨデザインアワード」という取り組みを行っています。

同アワードは２００２年に始まり、ユーザーから商品のデザインを募り、「使う人の目線」での商品化を目指すコンペティションです。

２０１７年の応募作品総数は１３２６点で、参加国は日本を含めて53カ国に及び、プロダクトデザインの国際コンペティションとしても成長しています。

過去に賞をとったデザインからすでに17作品が商品化されています。

地域と人をつなぐシェア事例

共用経済は人口減少に悩む地方都市の地域活性化・地方創生のきっかけをもつくり出します。

アドレスホッパーの例などもそうですが、AirbnbやUberといった**旅のシェアリングサービスは、より広範囲な移動を可能にすることで、都市部と地方の人材交流を可能**にします。

こうしたトレンドが一般的になれば、地方都市の定住人口の減少を交流人口と関係人口で補うことができます。これが、地域インフラ維持の新しい仕組みです。

また、地域の祭りやスポーツイベントなどが行われる際の一時的な宿泊先確保の手段として、ホームシェアを活用し、地域経済効果の最大化を目指す動きも活発化しています。

その好例が２０１７年の阿波踊りで徳島市が行った**イベント民泊**です。

阿波踊りの期間には多くの観光客が徳島市を訪れますが、市内のホテルだけでは部屋の供給が十分でないため、観光客のほとんどが市外あるいは県外の宿泊施設に泊まらざるを得ません。そうすると宿泊費や飲食費が別の地域に流れてしまい、地域経済を活性化させる機会を逃してしまうことにもつながります。

また宿泊場所がないことで、阿波踊りを見に行くこと自体をあきらめる観光客も出てしまうという潜在的な損失もあることが予測されます。

そこで徳島市は、**国の「イベント民泊」という制度を活用して、期間中だけ旅館業法などのライセンスがなくても宿泊ができる場所を増やしたところ、30数件が民泊に参加し、270名以上の観光客に宿を提供**することができました。

こう考えると、イベントを契機とした地域経済活性化のポテンシャルはとても高いものだといえます。

2020年に向けて、こうした取り組みを推進していくことが、地方に住む人々の新しい事業機会や働き方の可能性を生み出すのではないでしょうか。

第5章

「利用者」としても「提供者」としても、シェアを活用するために

シェアには想像以上の活用法がある

前章までは、社会的共用サービスと共用経済による、新しいライフスタイル、ワークスタイルについて見てきました。加えて、これらのサービスがどのような形で人々の生活に影響を与えるかについても考えてきました。

本章では、社会的共用サービスを活用して個人がサービスを利用したり、サービスを提供したりするための方法を、5つのステップで考察します。

プライベートからビジネスまでさまざまなサービスを試してみる

第1のステップは社会的共用サービスには**どのようなものがあり、どのようなサー**

ビスが自分に合っているかを知るために、さまざまなサービスを試してみることです。

現在の日本で利用できるシェアサービスの種類は限られています。またライドシェアサービスのように国内のサービスと海外のサービスで内容が異なるものもあります。とはいえ、日本国内でもすでにさまざまなサービスが提供されているので、それらを活用して、理解を深めましょう。

シェアリングエコノミー協会のホームページでは、グローバルプレイヤーが提供しているサービスから国内事業者が提供しているサービス、全国展開しているサービスから地域限定のサービスまで、さまざまなサービスを探すことができます。

●シェアリングエコノミー協会：https://sharing-economy.jp/ja/

社会的共用サービスを体験することが、なぜ大切かというと、それらのサービスは、これまでの経済システムやビジネスには存在しなかった新しいものが多いため、**実際に利用してみないとその長所や短所を理解することが難しい**からです。

私自身にも同様の体験があります。私が最初にUberのサービスを知ったのは、4～

5年前にインドに出張したときでした。

当時、インドのタクシー事情はあまりよくなく、出張の際は自動車をあらかじめチャーターするのが常識でした。そのような中で、現地に駐在していた同僚に「今、インドでUberというサービスが流行っている。それは、見知らぬ個人が、見知らぬ個人を乗客として車に乗せるサービスなんだ」と聞いたとき、にわかに信じがたかったことを今でも覚えています。

見聞きしたサービスを実際に利用することで、どういう人がどういう動機でサービスを提供しているか理解を深めつつ、そのサービスが自分に合っているかどうかを確認することが大切なのです。

どの共用サービスを利用していいかわからない場合は、他のユーザーから情報を集めて、どのようなサービスが自分に一番マッチしているか検討してみるのがいいでしょう。

また実際に利用してみると、そこにはさまざまな利用形態があることがわかります。そのことについて、ホームシェアを例に具体的に紹介します。

【大人数のレジャー旅行での利用】

ホームシェアの使い方として最も一般的なのは、休暇・レジャーを楽しむための利用です。中でも特徴的なのが、三世代での旅行や友だちグループ、サークルなど、大人数での利用です。

一軒家や別荘など戸建てのホームシェアだと、1物件当たりで金額が設定されているため、大人数で集まるならその分だけ1人当たりの宿泊代が安くなります。

大きな物件を貸切にして泊まれば、より多くの時間をみんなで一緒に過ごすことができ、絆を深めることもできます。

私が懇意にさせていただいているある経営者の方は、子供夫婦と孫の三世代で旅行するとき、Airbnbを頻繁に活用されているそうです。

「ホテルや旅館だと、三世代が一緒に泊まれる広さの部屋を予約するのはなかなか難しい。しかし子供夫婦と別々に部屋を取ると、一緒に過ごせる時間が少なくなってしまい、物足りない。Airbnbで別荘を丸ごと借りれば、食後もリビングで団欒することができ、より長い時間を一緒に過ごすことができる。赤ちゃんがいても、キッチンでミルクを簡単に作ることができて便利なんだ」という体験談を話してくれました。

同じことは、友だちグループでの卒業旅行などにも当てはまります。キッチンで簡単な料理をつくりながらみんなで夜遅くまで語り合って楽しめるのは、一軒家の貸切ならではの楽しみ方だと思います。

【短期出張・滞在での利用】

ホームシェアは、休暇・レジャーだけでなくビジネスの場面でも一般的に利用されるようになっています。

Airbnb for Workという法人向け出張プログラムでは、現在約70万社に利用され、日本企業でも、メルカリなどがユーザーとなっています。

出張でホームシェアを使う場合のメリットとしてまずあげられるのは、コスト面です。

たとえば海外出張の場合、最近はホテルの価格が高騰しているため、リーズナブルな価格で宿泊することが難しくなっています。

そのようなとき、複数人での出張であれば、ベッドルームが複数ある一軒家を丸々借りることで、コストを抑えることができます。同じ場所に宿泊すれば、出張中の打ち合わせをリビングで行うことができるなどの利点もあります。

出張が中長期になる場合もホームシェアがおすすめです。

ホームシェアは住宅を宿泊施設として利用しているため、キッチンや洗濯機など生活に必要な機能が一通り備わっているため、ホテルよりも快適に自分のペースで滞在することができます。

私が横浜駅にほど近い場所に宿泊したとき、そこにはパシフィコ横浜で行われるイベント関係者が期間中ずっと泊まっていると聞いたことがあります。

また都心のホームシェアやゲストハウスタイプの宿泊施設は、受験や就職活動で、一定期間上京しなくてはならない学生によく利用されています。

同じゲストハウスに複数の受験生や就活生が滞在していれば、情報収集や意見交換などもできるのがメリットとなっているようです。

ほかにも、地方に急な赴任が決まって引っ越しが必要だけれど、住む場所の手配ができていないというとき、ホテルの代わりにホームシェアを利用するのも効果的です。

【旅行以外の利用】

一般的な宿泊施設と異なり、ホームシェアの場合は、遠方に旅行するとき以外にも利用されます。

現在、特に日本人のユーザーで、自分が住んでいる場所の近くでホームシェアを活用する人が増えています。

その具体的な例をいくつかご紹介したいと思います。

①友だち、カップルでの利用

自宅の近くで新年会や忘年会、女子会やママ友会などを行うためにホームシェアを利用するケースが、急増しています。

また友だち同士で飲み会を行うとき、居酒屋だと家に帰る時間を気にしないといけないけど、誰かの家に行くのはお互いに気を使うし、自分の家を開放するのは少し気が重い……。

そういうときに、一軒家貸切タイプのホームシェアを利用することが人気になっています。

食事をつくったりお酒を持ち込んだりしてワイワイ楽しむ、眠くなったらそこで眠る、というような気軽な利用法が広がっているのです。

ほかにも、カップルが記念日やクリスマスなどのイベント時に物件を借りて、ゆっくり過ごすケースや、コスプレイヤーが撮影会用に物件を借りることもあります。

②研修・接待での利用

企業もまた、ホームシェアを宿泊以外の目的で利用しているケースが増えています。たとえば、大切なお客様をおもてなしするときに一軒家を借りて、プロのシェフをケータリングするという利用法が最近よく行われています。

チームメンバーやクライアントと、少し気分を変えてディスカッションをしたいときに都内の広めの物件や地方の別荘を借りるケースもあるそうです。現在、研修施設や接待施設を保有している企業は限られています。そのため、必要なときに、ニーズに合った施設をホームシェアで借りるというトレンドは、今後さらに広がっていくことが予想されます。

③自分の住んでいる街を知る

自分の住んでいる街で、あえてリソースやスキルの社会的共用サービスを利用すると新たな発見ができます。

その例として、私の体験談をご紹介します。

先日、自宅に工事が入り、一日、家を空けなくてはいけないことがありました。小旅行に出かけてもよかったのですが、あえて近隣に泊まってみようと思い、自宅から徒歩15分のところにある物件をAirbnbで予約しました。

その物件のホストは、本業が建築家で、ヴィンテージマンションの部屋を素敵にリフォームした在宅型のホームシェアを提供していました。

そこに宿泊するまで、素敵なヴィンテージマンションが近くにあることすら知りませんでしたし、その建築家の方が私の自宅の近所で事務所を開き、Airbnbでホームシェアをしていることも知りませんでした。

自分が長年住んでいるエリアでも、所属しているコミュニティや活動範囲は意外と狭く、ちょっと視点を変えると新しい発見があるということをそのときに感じました。

実際にサービスを利用してみると、思ったより多くの人がシェアサービスを提供・利用していることに気づきます。そうしたところからさまざまな体験を得たり、自分が本格的にシェアサービスを開始する際に相談ができるようなロールモデルを探すこともできるのです。

シェアサービスの「提供者」になるための戦略を立てる

サービスについて理解が深まったら、**サービスを暮らしや仕事の中で活用する戦略**を立てることが次のステップとなります。自分の新しいライフスタイルやワークスタイルを実現して、より精神的・経済的に満たされた生活を送るためには、どんな活用方法が適しているかについて検討します。

社会的共用サービスを利用する場合、どのようなサービスが自分の生活をより豊かにするか、またサービスを提供する側に立つ場合は、自分が持っているコンテンツ・リソースやスキルがどう共用できるかについて考えます。

共用サービスを使う立場になるのか、提供する立場になるのか、自分のライフスタイルと照らし合わせて、自分にとって心地いいバランスを探していきましょう。

社会的共用サービスを利用するだけならば、考慮すべき点はここまでになります。

しかしサービスの提供者として新しいライフスタイル、ワークスタイルを目指す場合は、さらなる準備が必要です。

次からは、社会的共用サービスの提供者になるためのポイントを詳述します。

自分の「強み」を特定する

共用サービスを活用した起業や副業を考えている場合、まずはコンテンツ、リソース、スキルのうち、どれを共用するかについて考えてみましょう。

リソースのシェアであれば、自分が住んでいる家に空き部屋があったり、実家が空き家になったりしていないか、またそれらをシェアできるかどうかを検討します。

一方、コンテンツやスキルのシェアであれば、自分の仕事、趣味、スキルの中から、クオリティの高い体験価値を提供できそうなものをいくつか選び出してみるといった、資産の棚卸を行うことが必要になります。

こうした有形・無形資産の棚卸しは、共用サービスと自分の関わり方を考えることにとどまらず、自分の人生設計を考えることにもつながる作業です。

自分が今どのように暮らしているのか、何に時間を使い、何を大切にしてきたのか、そしてこれからどのような人生を過ごしたいと考えているのかということを整理するきっかけにもなるでしょう。

サービスのＰＲ戦略を考える

有形・無形資産の棚卸しで、自分の強みを特定し、どのようなサービスを提供するか決めたとします。

しかし、たとえ素晴らしい住宅や人に誇ることができる趣味・スキルを持っていても、うまく利用者にアピールすることができなければサービスとして成立しません。

ここで大事になってくるのが、**自分が提供するサービスについて自分らしさが発揮される魅力的なストーリーを発信すること**です。

具体的な例をあげて考えてみます。

たとえば、あなたが小さい頃から茶道に親しんでおり、家に茶室もあるとします。そこで、観光で訪れた外国人向けにお茶を点てる体験サービスを提供したいと考えたとします。しかし実際のところ、お茶の体験サービスは、Airbnbだけでもすでに多くの人が提供しています。

そうなると、数ある体験サービスの中で、自分のお茶の体験サービスを選んでもらうためのコツが必要です。

ではその「選ばれるためのコツ」とはどのようなものでしょうか。

もちろん、お茶を行う際のお作法や技術に対する正確な知識が必要です。しかし単に技術があればそれで十分かというと、そうではありません。

まず大事になってくるのは、**提供する知識をわかりやすく伝えるためのコミュニケーションの構成です。**

よく「職人は口では語らない」とか、「作品がよければそれで十分だ」ということがいわれますが、体験サービスでその価値を向上させるためにはコミュニケーション能力がとても大事になります。

コミュニケーションがうまいということは、外国語が喋ればいいということではありません。たとえ外国語がうまくなくても、伝えるべき内容があり、それが初めて聞く人にとってわかりやすく構成されていれば、効果的なコミュニケーションをとることができます。

次のポイントは、**サービス提供者の個性を出すこと**です。

お茶の魅力を伝えるとき、そこに紐付くあなた自身のストーリーを語ることができれば、そのサービスはより魅力的なものになります。

ストーリーを語るといっても、大げさに考えたり身構えたりする必要はありません。お茶を始めたきっかけやお茶を通じて自分がどのようなことを得たかということを伝えればいいのです。

こうしたストーリーは、その人の人となりや、さらには人生観といったものまで表します。そしてサービス提供者の考え方や人生観に対する共感が他の人にシェアしたいと思わせ、そのサービスが選ばれる原動力になるのです。

個性やストーリーは、リソースの共用においても同じように大事です。

宿泊するのならば、その土地や貸している人の雰囲気が感じられる場所に泊まりたいものです。そのとき、泊まる部屋のインテリアが大量生産された家具でコーディネートされ、ビジネスホテルと同じようなデザインだと、そこに泊まるワクワク感の面でほかのホームシェアより見劣りしてしまいます。

したがって、**宿泊場所として提供する部屋には、自分の趣味や個性を表すようなものを飾ったり、オリジナリティを感じさせたりすることが大切**になります。

余談ですが、私がホームシェアの物件に宿泊する際に注目するのは、その家にある**本棚**です。本棚に並べてある書物を見ることで、その人の嗜好や人となりを垣間見ることができ、ホストを身近に感じられる気がします。

WIN‐WINになるサービスのルールをつくる

自分が提供したいと考える社会的共用サービスのストーリーが決まったら、いよいよサービスを提供することができます。しかしその前に、ひとつ大事にしていただきたいステップがあります。

それは、自分が提供する共用サービスが自分の周りの人や地域にどのような影響を与えるかを評価した上で、周りとの調和や共存共栄のためのコミュニケーションやルールづくりを行うということです。

社会的共用サービスの多くは、まだまだ新しい概念のサービスであり、利用したことのない人にとってはイメージしづらいサービスも多くあります。

このような**サービスを地域で根づかせていくためには、関係者の理解やサポートを得て、WIN‐WINの関係をつくることが大切**です。

その仕組みづくりについて、ホームシェアを例に理解を深めていきましょう。

集合住宅ホームシェアの画期的なルール

周りとの関係性を築く仕組みづくりの例として、集合住宅におけるホームシェアの取り組みについてご紹介します。

住宅宿泊事業法によると集合住宅内の空き部屋を活用して、ホームシェアを行うケースでは、当該集合住宅における管理規約上の合意が必要とされています。

しかし、管理規約でホームシェアが認められても、その集合住宅に住んでいる他の住民にとっては施設内のセキュリティやプライバシー保護が気になるところです。

たとえば、ゲストが集合住宅内の部屋に宿泊することになったとき、共用部分や他フロアへのアクセスをどのように考えるかなど、建物全体のプライバシーやセキュリティ、コミュニケーションのあり方を考える必要が出てきます。

Airbnbでは、このようなニーズに対応するため、不動産会社との提携による新しいデザインを開始しています。

それが、**「フレンドリービルディングスプログラム」**です。

フレンドリービルディングスプログラムの基本的なコンセプトは、**個人がホームシェアを通じて得た利益を、集合住宅の住民全体の利益につなげるような仕組みをつくること**です。

一般的にホームシェアで利益を得られるのは、部屋を貸しているホストだけで近隣住民がホームシェアの便益を享受することはありません。

しかし集合住宅でホームシェアをする場合、エントランスホールやエレベーター、その他の共用施設を、管理費を支払っていないゲストが使うことになります。この点をふまえると、集合住宅に住んでいるホームシェアをしていない他の住民にも何らかの便益を与えてよいのでは、と考えられます。

このような問題意識をもとに、集合住宅としてのホームシェアのルールを明確にして、宿泊者を見える化し、管理費・共益費の負担を傾斜配分にすることを仕組み化したのがフレンドリービルディングスプログラムです。

Airbnbのフレンドリービルディングスプログラムでは、ホストとオーナー、管理組合と協力しながら次のことを行えるようにしています。

- **全員が納得できるホームシェアのための規約などの改定**(営業禁止期間などの設定)
- **誰がいつゲストを受け入れているかという情報を管理組合の権限者に見える化**
- **入居者とオーナー・管理組合の間で、宿泊による収益を分配**

この仕組みの大きな特徴は、**部屋を貸し出す人だけでなく、集合住宅の管理組合も利益を得られるということ**です。

こうした仕組みがうまく稼働すれば、空き部屋で悩んでいる多くの団地やリゾートマンションに有効な解決策を提供できるでしょう。

たとえば、バブル期に建設された観光地のリゾートマンションの多くは、空き部屋を抱えています。

これらの空き部屋をオーナーの了解を得たうえで、管理組合が空き部屋のシェアを行うことができれば、オーナーも管理会社も空き部屋から収益を上げることができます。

また都市部でも、高度経済成長期に建てられた団地の空室問題の解消において、この仕組みは幅広い効果を発揮することが期待されます。

以上のような仕組みづくりを通じて、地域の人にサポートしてもらいながら社会的共用サービスを展開していくことが成功のカギになります。

そしてこのような取り組みは結果として、共用経済の健全な発達にもつながると私は考えています。

トライアンドエラーを繰り返す

社会的共用サービスの価値は低コスト・低リスクで始められて、さまざまなトライアルや変更が簡単にできる点にあります。

①場所・時間の自由度が高い

コンテンツの共用は、インターネット上でのサービス提供となるため、提供者が一度コンテンツを提供すれば、場所・時間を気にせず、対価を得ることができます。

またスキルの共用においてもサービス提供者が場所・時間を柔軟にセットすることができます。

これは、リソースの共用でも同様です。

たとえばホームシェアは「週末にだけ貸したい」「特定の日にだけ貸したい」ということも自由に設定できるので、自分のペースで無理なく、ホームシェアを始めることが可能です。

②サービス提供そのものに特別な技能を必要としない

社会的共用サービスを提供する場合、サービスの対象となるコンテンツ、リソース、スキルは当然のことながらキラッと光るものが必要です。

ただ、キラッと光る中身があり、その中身を伝えるストーリーが準備できればサービスそのものを提供するのは簡単です。

たとえば、TikTokはスマートフォンで動画を撮る際のガイダンスが充実していて、その後の画像の編集・加工もアプリ上で容易に行うことができます。

ホームシェアの場合はもう少しハードルが高くなりますが、住宅宿泊事業法の届出を行い、各種ルールさえしっかり守れば、一般的に思われているよりも手間をかけずに運営することができます。

外国語が話せなくても、事前に想定問答を準備したり、翻訳ソフトを使ったりしてうまく意思疎通を図り、高い評価を得ているホストも多くいます。

スキルの共用サービスでも、サービスの提供自体には特別な技能は必要ありません。インターネットを活用するための最低限の知識があればサービス提供ができます。

③PDCAを回し、改善していく

このように社会的共用サービスは、簡単に始めることができます。

しかし、サービスの立ち上げが簡単ということは、競合相手も多いことを意味しています。

そこで、**サービスをスタートさせたら、お客様のフィードバックをもとに細かくPDCAを回しながら自分のスタイルを構築**していくことが大事です。

そして最初から完璧なサービスを提供しようとするのではなく、利用者からのフィードバックをもとに改善を行う中で、自分なりのサービスの利用・提供スタイルを探していきましょう。

たとえばホームシェアでいえば、部屋のインテリアや写真、価格などは簡単かつ自由に変えることができます。

これを活用して、どのような写真をどのような順番で並べれば予約が入るようになるのか、どのようなサービスを付加したり、価値を訴求したりするとゲストの満足度が向上するのかということを試行錯誤しながら進めることが大事になります。

こうした改善を目指すことで、自分だけのサービスをつくり出せるのです。

またサービスを利用・提供するうえでもうひとつ大切なポイントがあります。

シェアサービスを利用・提供する過程で、よく**「シェア疲れ」**を起こしてしまう人がいると聞きます。

社会的共用サービスを使い始めると、どんなときも「サービスを利用しよう」と執着しがちになるのですが、常にそれがいいとは限りません。

たとえば、旅行の宿泊先は、常にホームシェアが最適とは限りません。

一緒に行く人や目的によっては、ビジネスホテルのほうが便利なときもあります。

また、旅館でゆっくりおもてなしを受けたいときもあるでしょう。

また本業のかたわら、副業でシェアサービスを提供している場合、両方頑張りすぎて体調を崩すケースが見受けられます。

そのようなことを防ぐためには、本業と副業のバランスをとることがとても大切です。

そして、日々の生活の負担が大きくなっていると感じたときは、一度休む勇気が大切です。

大切なのは自分の生活を設計していくことであり、その中で無理なく自分のバランスやペースを保ち、持続的に社会的共用サービスと付き合っていくことなのです。

第6章

シェアが与える日本企業へのインパクト

シェアは日本に馴染むのか？

これまで述べてきたように、社会的共用の仕組みは、個人のライフスタイルやワークスタイルを大きく変えつつあります。

このことは企業の働き方改革に影響を与えるだけではなく、事業戦略やビジネスモデルのあり方にもインパクトを与えます。

そこで本書の最終章では、共用経済が企業に与えるインパクトと、そのインパクトを自社の成長戦略に取り込んでいくためのポイントについて述べていきたいと思います。

日本でのシェアリングエコノミーの動向

まず、日本の共用経済の現状と今後の市場の可能性について考えてみたいと思います。日本でシェアリングエコノミーが本格化したのは２０１６年からで、この年は日本の「シェアリングエコノミー元年」と呼ばれています。

同年、東京都大田区や大阪府は国家戦略特区として、民泊事業を開始しました。京丹後市は、ライドシェアサービスのUberと提携して「ささえ合い交通」を開始、そして年末のユーキャン新語・流行語大賞では、「民泊」という言葉がノミネートされました。

その後も住宅宿泊事業法が２０１７年に制定（２０１８年に施行）されて、ホームシェアが原則として年間１８０日まで認められるようになるなど、市場はさらなる広がりを見せています。

では日本において、このような共用経済の市場規模は、どれくらいになると予想されているのでしょうか。

一般社団法人シェアリングエコノミー協会は、２０１９年４月に情報通信総合研究所と共同で日本国内におけるシェアリングエコノミーの市場規模を算出しました。同レポートによると、２０１８年度のシェアリングエコノミーの市場規模は１兆８８７４億円と算出されました。

２０３０年度には、現在の約６倍の規模の11兆１２７５億円にまで達すると予測されています。

この試算の中には、モノのシェアやお金のシェアなど、本書では取り上げていないタイプの市場規模も含まれていますが、それでも一定の市場が生まれる可能性を感じていただけるかと思います。

また２０１７年５月にまとめられた、政府の「統計改革推進会議」最終報告では、今後のＧＤＰ改革のひとつとして、シェアリングエコノミーのＧＤＰ換算の提言がなされています。

シェアリングエコノミーの市場規模をＧＤＰ換算の対象として考えるようになった

ということは極めて画期的なことです。なぜなら今までは経済活動を捕捉《ほそく》しなくても大丈夫な、いわば誤差として考えられてきた市場が無視できない規模へと発展していることを意味しているからです。

シェアの浸透を見据えた企業の動き

資本主義経済から共用経済へのパラダイムシフトを見据えて、**大手企業もまた、すでに新しい経済システムへ舵を切っています。**

大手企業の共用サービスへの参入方法としてまず行われているのが**スタートアップへの投資**です。

大規模なケースとして、ソフトバンクや楽天などの企業が、UberやLyft、WeWorkといったユニコーン企業へ巨額の投資を行っています。

国内のスタートアップ事業者に対する投資も盛んで、スペースマーケットには東京メトロや東京建物、JTBなどが出資し、エクボクロークにはJR東日本やメルカリが出資しています。

また、大手企業が、自社で社会的共用の新規事業に参入するケースも増えています。Airbnb Japanは、日本でのホームシェアを推進するための産業横断型組織としてAirbnb Partnersを立ち上げています。

Airbnb Partnersは、2018年6月に36社が参画する形で立ち上げられました。その後、同年11月には74社、2019年6月には117社と順調に規模を広げています。

Airbnb Partnersにおいて企業の数以上に特徴的なのが参加している会社の構成です。現在、Airbnb Partnersにはホームシェアとの関係が深いハウスメーカーや不動産会社、住宅宿泊管理業者だけでなく、銀行（みずほ銀行）やコンビニ（ファミリーマート）、保険（損保ジャパン日本興亜）、航空会社（ANA）などさまざまな業種の企業が参加しています。

市場の先を見据えている企業は、これまでのビジネスとは異なる新しいビジネスチャンスが、共用経済の進展により生まれてくると考え、その具現化に向けてすでに動き始めているのです。

シェアが生み出す新しいビジネスの可能性

共用経済が広がることで、企業にはどのようなビジネスチャンスがあるのでしょうか。前章では、企業が自らの事業の余剰を別の事業者のサービスのために共用する例をあげました。これもひとつの立派なビジネスチャンスですが、本章では共用経済を見据えた新しい社会的共用サービスを提供するケースについてご紹介します。

ここでは、住宅型ホームケア（自宅の空いている部屋のシェア）における課題とその解決のための新しいサービスについて考えてみたいと思います。

自分が住んでいる住宅をシェアしようと思ったとき、多くの人が気にするのはプライバシーとセキュリティです。

家の中のプライベートな場所を他人に見られたくないがために家の貸し出しを躊躇《ちゅうちょ》する人や、貴重品などを安全に保管できるセキュリティが必要だと思われている方が多くいます。

しかし、既存の住宅設計や間取りでは、これらの要望に対応できないことも多く、本質的な課題解決のためには、住宅そのもののあり方を考える必要があります。具体的には、家のどこまでを開放して利用可能にするのか、というアクセス権の設計が必要になります。

Airbnbは、この問題を解決する取り組みとして、放送作家の小山薫堂《こやまくんどう》氏率いるオレンジ・アンド・パートナーズと組んで、**ホームシェア対応型住宅のコンセプトをデザイン**しました。

Airbnb公認のホームシェアリング対応住居であるORANGE DOOR (http://orangedoor.jp/) は、「快適な我が家」と「おもてなし」を両立させることをコンセプトに、さまざまな仕掛けを考えています。

たとえばオープンハウス社とともにデザインした3階建住宅では、1階部分にホスト用とゲスト用の2つの玄関とゲストが宿泊するスペースを配置しています。そして、2階が共用のダイニングキッチン、3階が家を貸し出すホストの寝室があるプライベートエリアという間取りになっています。

今後、自宅をホームシェアしたいと考える人が増えれば、住宅を購入する際の選択肢として、ホームシェア対応型住宅が真っ先に候補に上がるのではないでしょうか。

さらに、このタイプの住宅なら、**毎月のローンの一部を宿泊料でまかなうことも可能**です。

一方、ホームシェアと全く関係がなさそうに見える企業も、同市場に新たなビジネスチャンスを見出そうとしています。たとえばファミリーマートは、ホームシェア物件に宿泊するゲスト向けのチェックイン端末を店舗に設置することで、宿泊客がコンビニに訪れるきっかけをつくっています。

このように、さまざまな業種のプレイヤーに新しい市場獲得の可能性があるのです。

シェアリングエコノミー市場の参入フレームワーク

では、企業はどのようにして、共用経済、社会的共用サービスにおけるビジネスチャンスを見出していけばよいのでしょうか。またどのようにすれば成功する事業戦略・ビジネスモデルを立案できるのでしょうか。

本章では、企業が社会的共用サービスを新規に立ち上げる際の指針として、私が考え出したフレームワーク（4Sのフレームワーク）をご紹介したいと思います。

4Sのフレームワークは、社会的共用のサービスを構築していくための4つのステップです。以下、ステップについてひとつずつ説明をしていきます。

社会的共用サービスへの参入フレームワーク

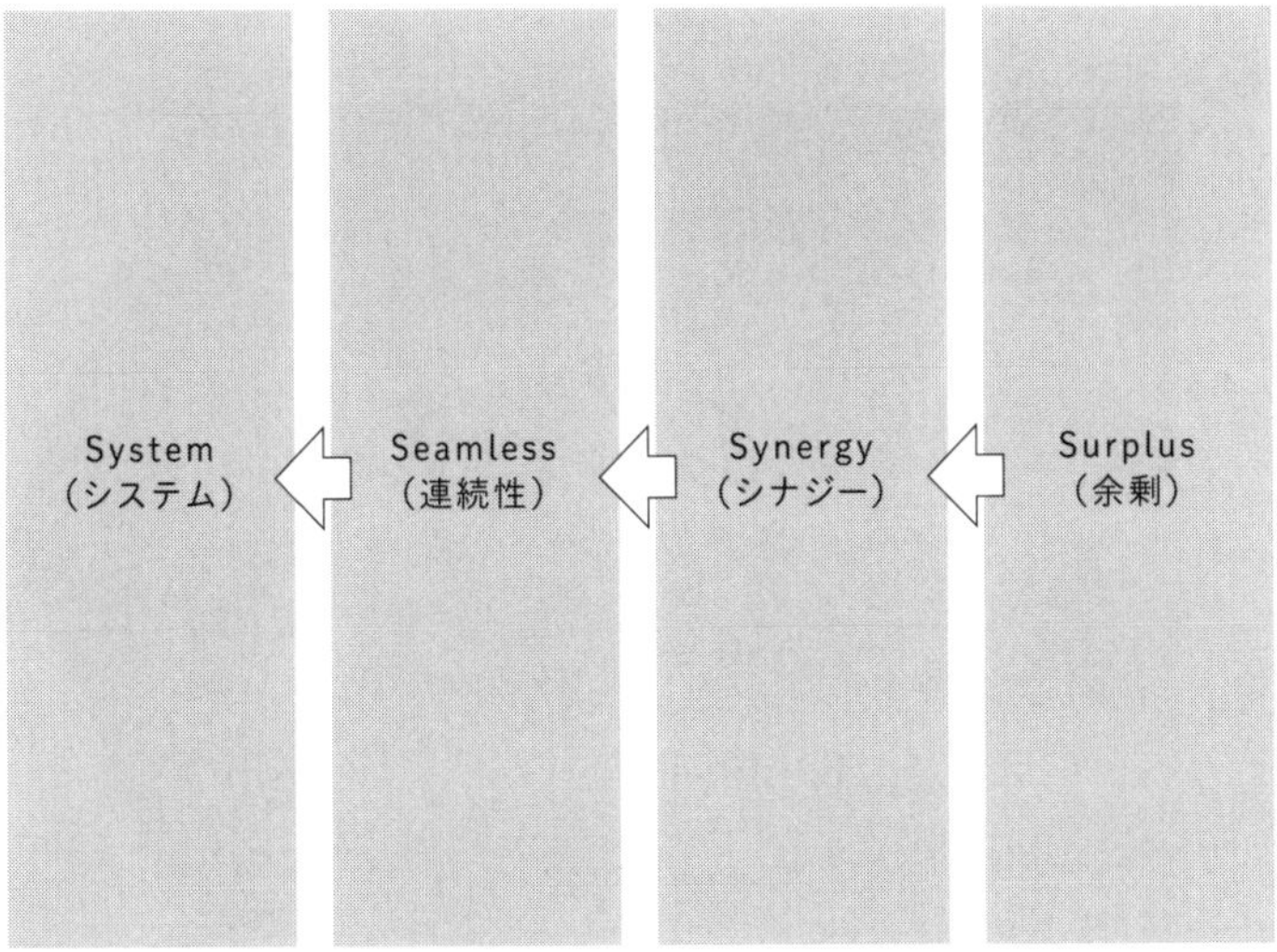

【第１ステップ：Surplus（余剰）】

企業が共用サービスに進出する際、まず考慮するべきことは、どのような余剰を共用できるかということです。

ありがちな失敗は、共用するものを既存のビジネスとは全く関係のないところから新規につくろうとすることです。

しかし、競争力のある社会的共用サービスを立ち上げるためには、既存のビジネスで抱えている余剰をいかに利用するかを棚卸することが鉄則となります。既存のサービスで利用しているものの余剰を提供するほうがコスト効率性が高く、サービスのク

バリューチェーンの例

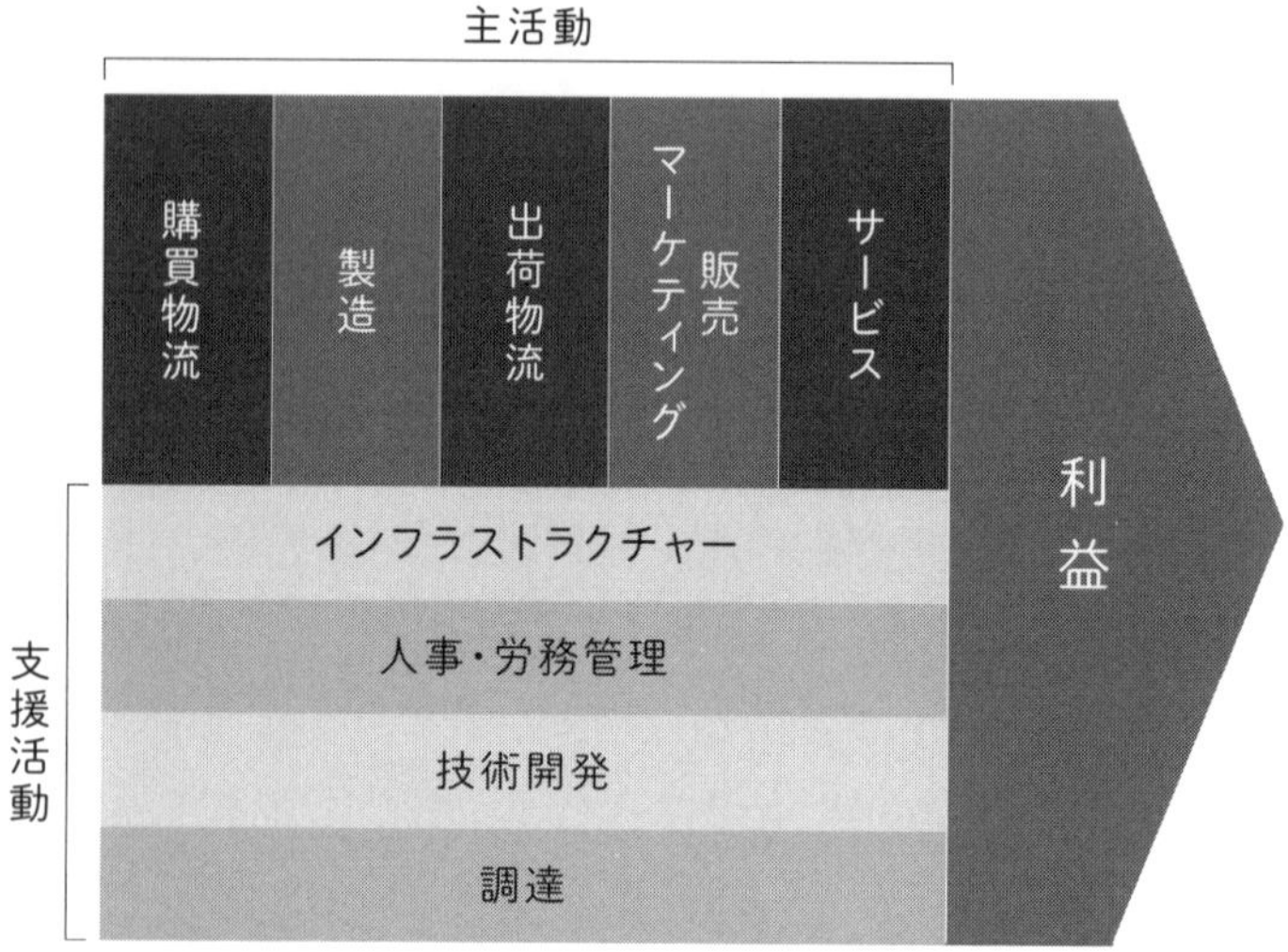

オリティも新規サービスより担保しやすいからです。

では具体的にどのようなモノ、サービスが余剰となり得るのでしょうか。

企業は、社用車や社宅、寮を所有していることがしばしばあります。

しかし、社用車は土日や定休日には利用されませんし、社宅や寮は、社員が少なくなったり、ニーズが変化したりすれば使われなくなります。

これらの資産をカーシェアやホームシェアという形で開放すれば価値を生み出すことができる可能性があります。

また、企業は事業を運営していくために

「必要悪としての余剰」を抱えています。

先述したように、コールセンターではピーク時対応のための余剰人員を抱えています。レストランもよほどの人気店でない限り、営業時間中、常に席が埋まっているわけではありません。そこで自社業務のみを行っているコールセンターを他社のサービスに活用してもらったり、レストランの席をイベントスペースやシェアオフィスとして利用してもらうなどの新しい活用法が生まれます。本業を維持していくうえで不可避な余剰を別の人の別のニーズのために共用することで、価値を創出するのです。

こうした企業の余剰を、サービスバリューチェーンの分析を通じて見極め、定義することが第1のステップとなります。

【第2ステップ：Synergy（シナジー）】

自社が有している**余剰を特定したら、その余剰を活用した共用サービスと、本業の間にどのようなシナジー（相乗効果）を生み出せるのか整理します。**

アンゾフのマトリクス

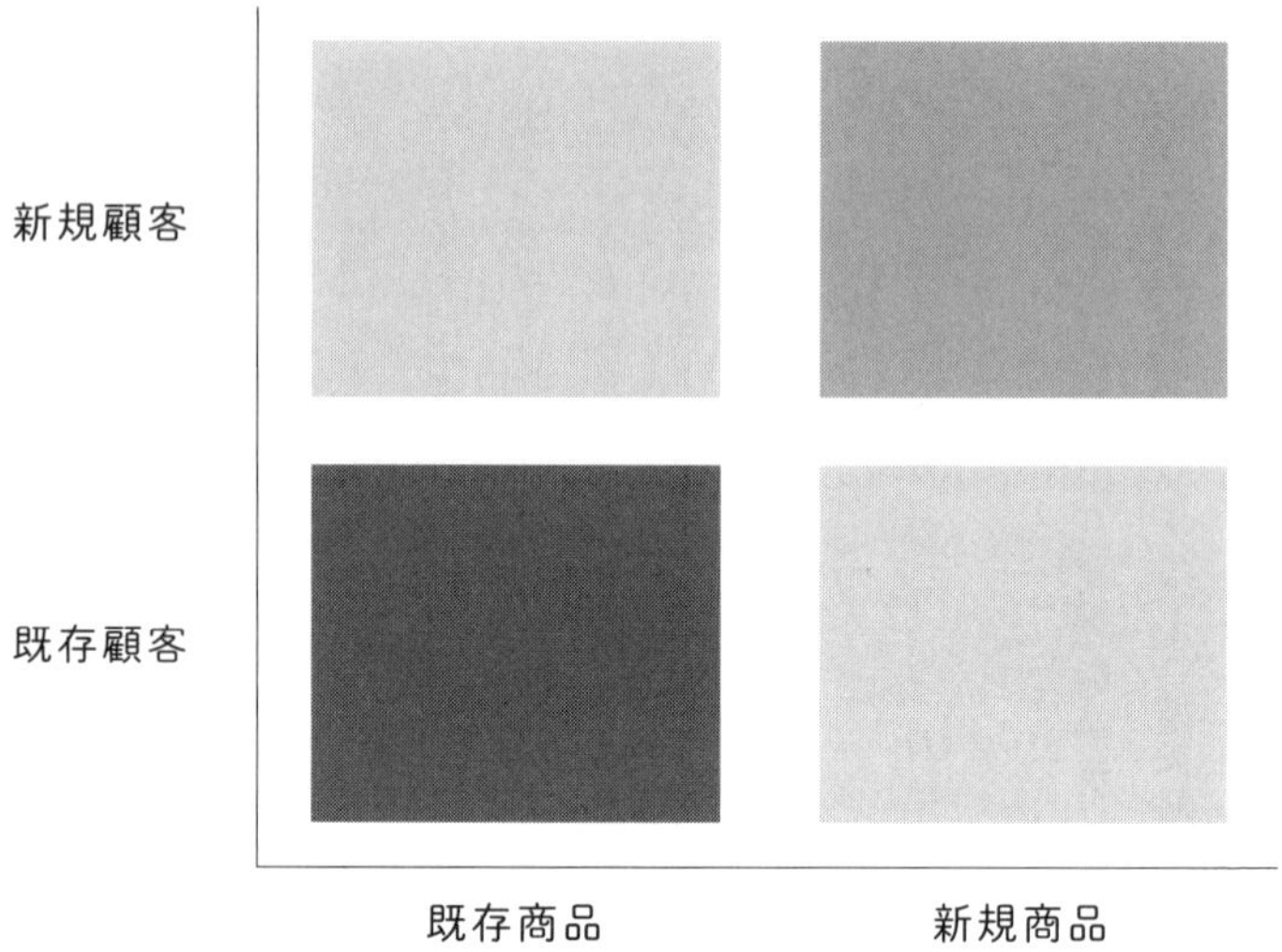

シナジーの効果を見極める上で有効なのが、アンゾフのマトリクスの活用です。アンゾフのマトリクスは、新規事業を始める際に有効なフレームワークとして知られています。

従来の事業は既存顧客に既存商品を売ることを目的とします。一方、社会的共用サービスで目指すのは既存商品・サービスを新規顧客に共用する、あるいは社会的共用を可能にする新しい商品・サービスを既存顧客に販売するというアプローチです。

既存商品を新規顧客に共用するのは、一番ベーシックなアプローチですが、この場合、既存事業に生じている余剰をうまく新規顧客に振り当てるシームレス（連続的）な

プロセス設計が大事になってきます（シームレスについては、次で詳述します）。

一方、社会的共用サービスの新規商品を既存顧客に販売するスキームは、既存商品とのカニバリゼーション（食い合い）を考慮する必要があります。

たとえば、CDを制作・販売していた事業者が音楽のストリーミングサービスを始めたとします。

そうするとCDを販売していたときよりもユーザーは増えるかもしれませんが、ストリーミングサービスではひとり当たりの購入単価は大幅に下がり、既存事業であるCDの売上も大幅に減る可能性があります。

そのプラスとマイナスをどのように評価していくのか、またマイナス面が大きくなった場合、新たな収益モデルをどのようにつくり出していくのかなども考慮していく必要があります。

【第3ステップ：Seamless（連続性）】

余剰を定義し、既存事業とのシナジーを見つけ出したら、**既存事業の余剰と新規の**

共用サービスをシームレス（連続的）につなげる方法を考えます。

仮に、ホテルの部屋清掃を行っている従業員を、ホームシェア事業の不在型物件の清掃要員として共用するサービスを始めたいと考えたとします。

もし、部屋清掃を行っている従業員の空き時間を活用して他の宿泊施設の清掃に回すことができれば、人員の効率的な利用を実現することができます。

一方、宿泊施設は10時チェックアウト、15時チェックインというようなどこも同じようなサイクルで動いていて、宿泊需要がピークを迎えるタイミングも似通っています。

したがって、既存の人員でより多くの施設の清掃をまかなうためには、既存のホテル事業と新規のホームシェア事業のプロセスをいかにシームレスにつなげるかというサービスプロセスの設計が必要となります。

サービスプロセスを設計することにより、共用サービスを提供するうえでどこにどのような課題があるかということがわかるとともに、どれだけのシナジーを発揮し得るかを効果的に見える化することが可能になります。

またこのような考察を進めることで、当初想定していなかったプレイヤーとの連携も視野に入ってくることになります。たとえば、不在型物件の清掃は、同じ時間帯に清掃を行わなくてはならない他の宿泊施設の清掃サービスと共用するよりも、普段は深夜に清掃活動を行っているデパートや商業施設の清掃事業者との共用のほうが合理的かもしれないということが考えられます。

【第4ステップ：System（システム）】

社会的共用サービス構築の最後のステップはシステム、すなわちサービスを運用するためのデジタルプラットフォームの選択です。

システムの考え方は、大きく2つあります。自前のプラットホーム構築と、ほかのプラットフォームの利用です。

自前のプラットフォームを構築する場合、初期投資は膨大になります。

しかし、プラットフォームをうまく立ち上げることができれば、大きな事業収益を獲得できる可能性があります。

一方、既存のプラットフォームを活用して共用サービスを提供すれば初期投資コストやリスクを抑えられます。しかし、同様のサービスを提供しているプレイヤーとの競争は激しくなります。

プラットフォームを利用する立場になるのか、それともプラットフォームを立ち上げる立場になるのかという判断は、自社の既存サービスで、プラットフォームが必要とする次の3つの要素（多様性／規模／品質）を満たすことができるかを基準にすることが効果的です。

ひとつめの要素は多様性（Diversity）です。

社会的共用サービスのネットワーク効果を発揮させるためには、そこに掲載されるサービスの多様性が大切です。

たとえば、音楽のコンテンツを共用する場合、メジャーなアーティストの楽曲や最新の流行曲を提供することも大事ですが、それだけではなく、演歌やジャズなど、さまざまなジャンルを揃えることでロングテールの需要を確保できます。

リソースの共用でも同じことが言えます。

ホームシェアで言えば、世界中のさまざまな地域で、ホテルや別荘やお城など、さまざまなタイプの物件があれば、ユーザーにとって魅力的なサービスになります。

2つめの要素は**規模（Scale）**です。

共用するものが多様であるだけでなく、多くのユーザーがいても選択、利用できるだけの数量を確保していないと、利用したいタイミングでサービスを利用できないため、ユーザーが離れていってしまいます。

UberやLyftがサービスとして支持されているのは、どんな時間帯、どんなタイミングでもすぐに自動車が見つかる利便性の面が大きいと私は思います。

もしライドシェアのサービスで自動車が簡単に捕まらなかったら、このサービスはここまで普及しなかったでしょう。

最後に、3つめの要素としてあげたいのが**品質（Quality）**です。

どれだけ多様なサービスを多数取り揃えても、そのクオリティが低ければユーザーは離れていってしまいます。

そのため、品質が高いものを多く確保し、維持し続けるための仕組みをどのように構築していくかがカギとなります。先述した相互レビューの仕組みはこのような品質を確保するための有効な手段であると言えます。

以上のように、プラットフォームを提供するためにはそれなりの投資が必要です。どのような形でサービスをつくり出していくかに応じて、自社に合った戦略を構築していく視点が大事になるでしょう。

企業間連携によるシェア

前項では企業が共用サービスを立ち上げていくための4つのステップをお伝えしました。しかし企業がこうしたサービスを自社単独で構築していくのにはハードルやリスクがあります。

そこで最後に、社会的共用サービスを他企業との連携、共用でつくり上げていくアプローチについてご紹介をしたいと思います。

複数の企業でシェアサービスを構築する意味

複数の企業で社会的共用サービスを構築する利点はいくつかあります。

自社の余剰を社会的共用サービスに昇華させるためには、自社が強みとする余剰が顧客にとって利用しやすいサービスの幅を有していることが大切です。

たとえばユーザーにとって便利なホームシェアの管理サービスを提供するためには、さまざまなサービスの組み合わせが必要です。

先述しましたが、空き部屋を宿泊場所にするためには、家具・家電などを準備しなくてはなりません。ほかに、宿泊ゲストのおもてなしに伴う多言語でのやり取りや、カギの受け渡しや飲食の提供、何かあったときの緊急対応サービスなどが必要になります。

こうしたサービスをひとつの会社の余剰だけで提供するのは難しい部分があります。そこで、複数の会社の余剰を組み合わせて企業間連携を取る仕掛けが大事になります。

企業間連携を成功させるためのポイントは、それぞれの企業の強みをコンポネント（構成部品）として組み合わせ、ひとつの「強いサービス」をつくり出すことです。

繰り返しになりますが主力事業には、それを主力事業たらしめている差別化の要素があります。この差別化を実現するために企業は投資を行いますが、その結果として、少なからず余剰が発生します。

企業間連携による「強いサービス」のつくり方

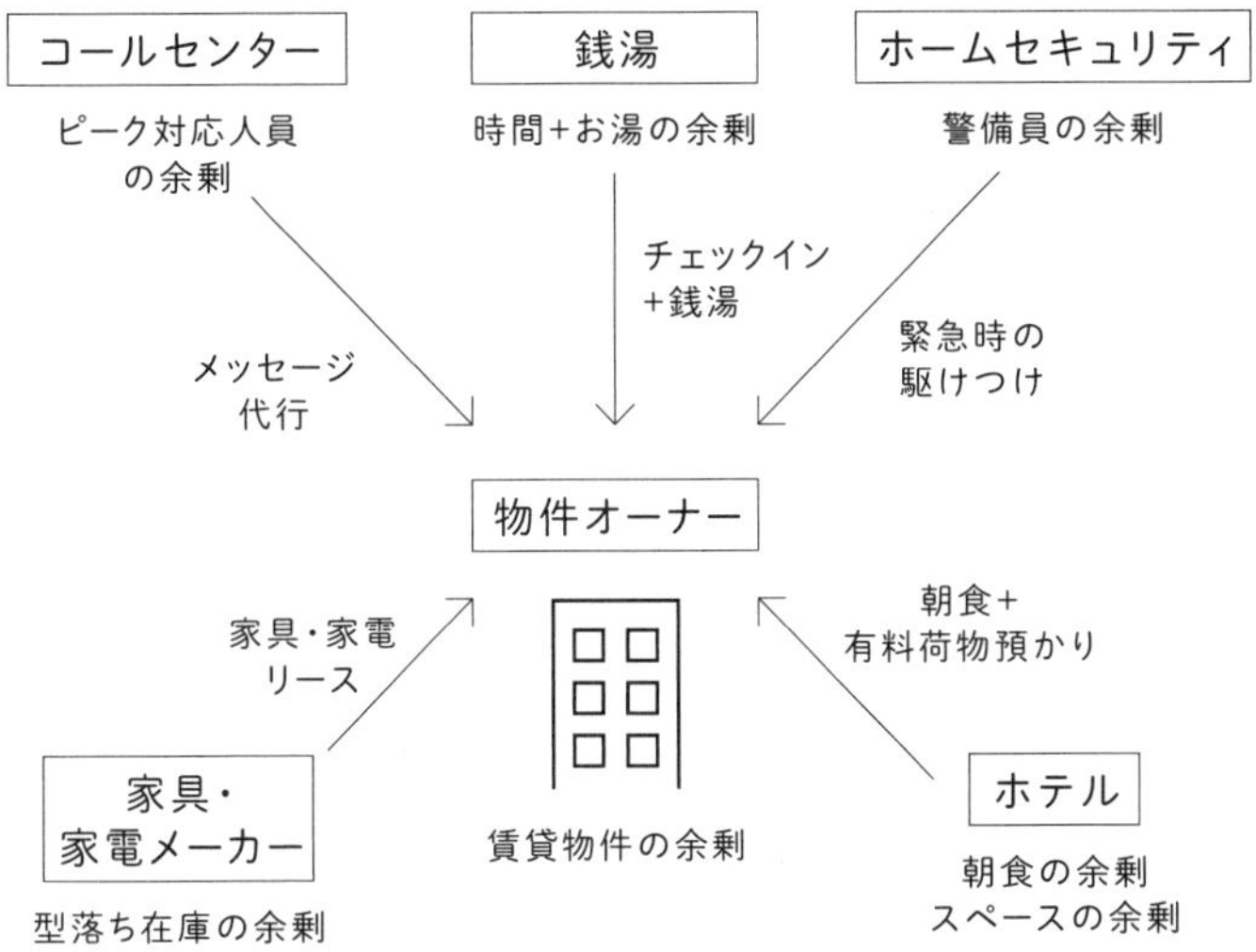

この余剰を、他社の強みの余剰と組み合わせることで価値を生み出すのが企業関連携のポイントになります。

具体的な例で説明してみたいと思います。

家具・家電メーカーは、消費者の購買行動を促すためにモデルチェンジを頻繁に行います。

常に最新の製品を提供し、他社と差別化を図ろうとする結果、多くの型落ち在庫を抱えることになります。

型落ち在庫は、セールに出したり、それでも在庫が残るものは廃棄処分にしてきました。では1年前の製品の機能やデザインが極端に落ちているかというとそうでもないケースがほとんどだといえます。

そこで型落ちした製品をサブスクリプション（定額利用）できるサービスを設計して、ホームシェアの物件に置くことができれば、ユーザーはより安く家具・家電を活用でき、メーカーも新たな商流をつくることができます。

その他にも、銭湯の番台さんが宿泊施設などのカギの受け渡しを行ったり、ホームセキュリティサービスで待機している警備員が一般の住宅だけでなくホームシェアとして提供している宿泊施設の緊急時の駆けつけサービスを提供することも可能です。

さらにいえば、一般的にホームシェアの競合と考えられているホテル事業者もホームシェア宿泊者向けに朝食サービスを提供したり、有料で荷物預かりをすることだってできるのです。

複数のサービスをつなぐためのシステム

こうした複数事業者の**複数サービスをつなぐためには、サービスを標準化していく必要があります。併せて他社の事業モデルとつなぐためのインターフェース（ＡＰＩ）の設計も必要です。**

複数のサービスのシステム連携イメージ

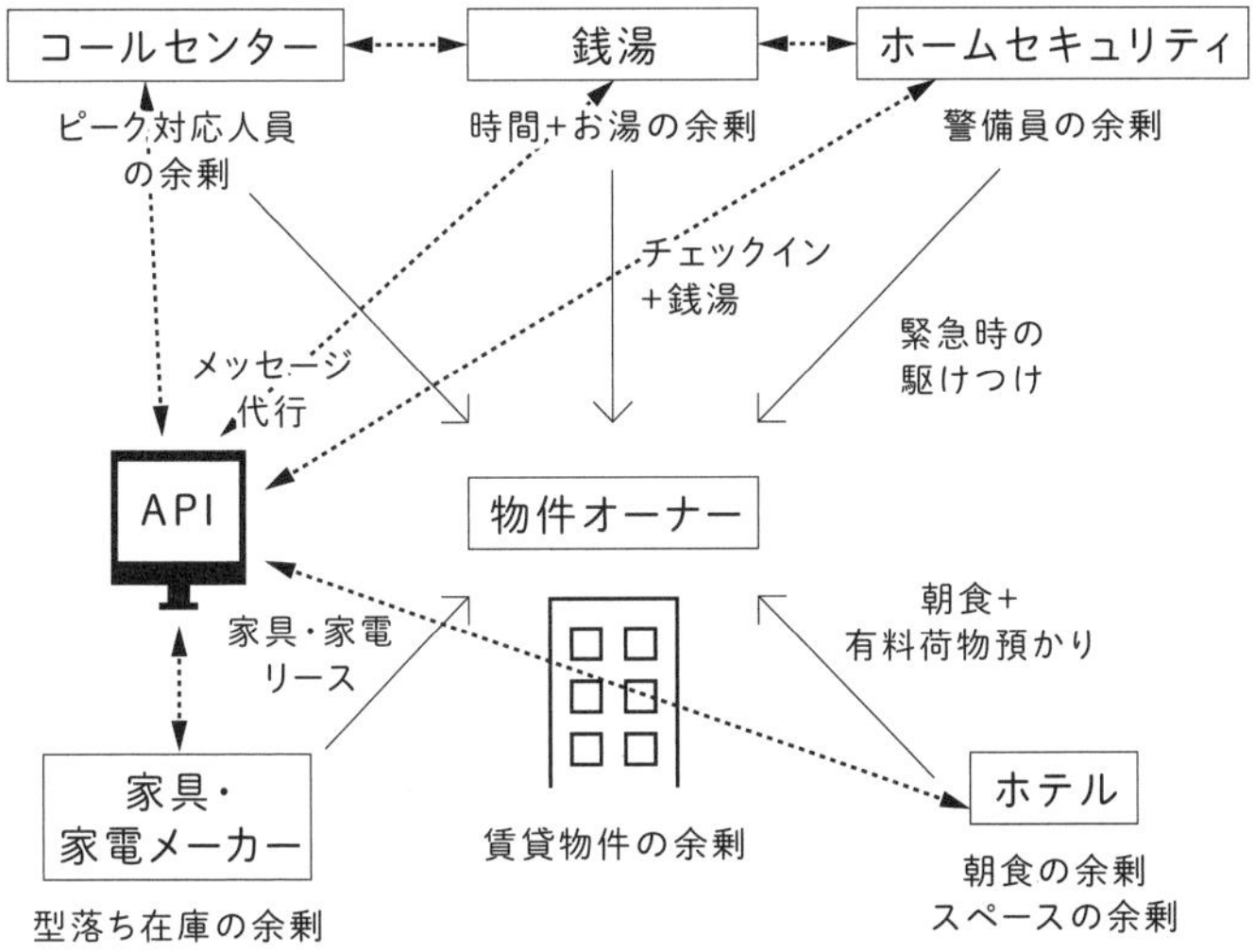

たとえばコンテンツの共用サービスで、複数のメディア企業が音楽や映像をひとつのプラットフォームに提供する場合、提供するデータ形式は共通のものであることが望ましいでしょう。

またリソースの共用サービスにおいてもプラットフォームがAPIを提供することで、それぞれのサービスをプラグインできるとともに、同様のサービスを提供する事業者が複数いる場合、ユーザーが同列で類似サービスを評価できるようにしておくことが望ましいと考えます。

こうしたオペレーションを最適化するシステムそのものがこれからひとつの産業として立ち上がっていくのかもしれません。

おわりに

今、私たちは明治維新にも比するほどの大きな転換期を迎えています。開国を契機に明治政府は欧米化を推進し、新しい社会・経済への移行を果たしました。これにより、日本人の暮らしは急速に西洋化し、士農工商という身分制度がなくなるとともに新しい生活様式が広がっていきました。

共用経済と社会的共用サービスは、今の私たちの暮らし方を大きく変える新たな「黒船の来航」になろうとしています。

この黒船は、急速な高齢化と人口減少による従来の社会モデル、経済モデルの制度疲労に悩む現代の日本にとって未来の処方箋となる可能性を秘めています。

日本がこれまで行ってきた膨大なインフラ投資が有効に活用されていない現在、「最新のモノがいいモノだ」という価値観から、古くても体験価値が高いモノこそがいいモノだという価値観へのパラダイムシフトを実現し、過去の蓄積を活かして資本主義経済から共用経済へと社会構造を転換していくことで、過去の日本が行ってきた**膨大なインフラの蓄積を再定義し、新しい社会像を描くことは可能**だと考えています。

そしての新しい社会像から人々が幸せに生きていくための**新しいライフスタイル、ワークスタイル**が生まれてくることを私は強く信じています。

本書に示した内容は、社会的共用サービスや共用経済が持っている可能性のほんの一部分にしか過ぎません。

しかし、読者のみなさんが、これからの日本における新しいライフスタイル、ワークスタイルを考察するうえで、本書が羅針盤のような役割を果たすことができれば幸いです。

なお本書は筆者個人の見解であり、所属する組織の見解とは一切関係がないことを最後に申し上げたいと思います。

2019年9月

長田《ながた》英知《ひでとも》

いまこそ知りたいシェアリングエコノミー

発行日 2019年 9月30日 第1刷

Author 長田英知
Book Designer 三森健太（JUNGLE）

Publication 株式会社ディスカヴァー・トゥエンティワン
〒102-0093 東京都千代田区平河町2-16-1 平河町森タワー 11F
TEL 03-3237-8321（代表） 03-3237-8345（営業）
FAX 03-3237-8323 http://www.d21.co.jp

Publisher 干場弓子
Editor 千葉正幸 岩﨑麻衣

Editorial Group
Staff 藤田浩芳 大竹朝子 大山聡子 木下智尋 谷中卓 林拓馬 堀部直人
松石悠 三谷祐一 安永姫菜 渡辺基志 郭迪 連苑如 施華琴

Marketing Group
Staff 清水達也 佐藤昌幸 谷口奈緒美 蛯原昇 伊東佑真 井上竜之介 梅本翔太
小木曽礼丈 小田孝文 小山怜那 川島理 倉田華 越野志絵良 斎藤悠人
榊原僚 佐々木玲奈 佐竹祐哉 佐藤淳基 庄司知世 高橋雛乃 直林実咲
鍋田匠伴 西川なつか 橋本莉奈 廣内悠理 古矢薫 三角真穂 宮田有利子
三輪真也 中澤泰宏

Business Development Group
Staff 飯田智樹 阿奈美佳 伊藤光太郎 志摩晃司 瀧俊樹 林秀樹 早水真吾
原典宏 牧野類 安永智洋

IT & Logistic Group
Staff 小関勝則 岡本典子 小田木もも 高良彰子 山中麻吏 福田章平

Management Group
Staff 田中亜紀 松原史与志 岡村浩明 井筒浩 奥田千晶 杉田彰子 福永友紀
池田望 石光まゆ子 佐藤サラ圭

Assistant Staff 俵敬子 町田加奈子 丸山香織 井澤徳子 藤井多穂子 藤井かおり
葛目美枝子 伊藤香 鈴木洋子 石橋佐知子 伊藤由美 畑野衣見
宮崎陽子 倉次みのり 川本寛子 王廳

Proofreader 文字工房燦光
DTP 株式会社 RUHIA
Printing 大日本印刷株式会社

ISBN978-4-7993-2559-9